ΔΕΥΤΕΡΑ ΠΑΡΟΥΣΙΑ

Ένα Αισιόδοξο Μήνυμα από τον Θεό

Πέτρος Κουμασόνας

Πέτρος Κουμασόνας

COPYRIGHT

ISBN: 978-618-85456-3-2
Σχεδιασμός εξωφύλλου: Getcovers.com
Το παρόν βιβλίο έχει μεταφραστεί και στα Αγγλικά
Second Coming: A Message of Hope from God

Ο μήνας και το έτος που ο Θεός υπαγόρευσε τα βιβλία που περιλαμβάνονται σε αυτό το βιβλίο ήταν:

Ο Θεός Συγχωρεί και Αγαπάει (Ιούλιος 2010)
Ο Θεός και το Σύμπαν (Ιανουάριος 2011)
Ο Θεός Αγαπάει και Θυμώνει (Μάρτιος 2011)
Ο Θεός και το Χρήμα (Μάρτιος 2011)
Οι Ενσαρκώσεις του Θεού (Μάρτιος 2011)
Ο Θεός και ο Χριστός: Η Αληθινή Ιστορία του Χριστού (Ιανουάριος 2012)

ΠΕΡΙΕΧΌΜΕΝΑ

Ευχαριστώ τον δάσκαλό μου Ιωσήφ Μπακ Φονγκ, που με βοήθησε για να ενσαρκωθεί ο Θεός σε εμένα. Ευχαριστώ τον Θεό που με εμπιστεύθηκε για να ενσαρκωθεί σε εμένα και να μου υπαγορεύσει αυτό το βιβλίο.

Ο Θεός Συγχωρεί και Αγαπάει

Ο Θεός είναι παντού. Είναι μέσα σε κάθε άνθρωπο, σε κάθε ζώο, σε κάθε φυτό, είναι στον ουρανό και στη γη. Αυτός ο Θεός αποφάσισε να υπαγορεύσει αυτό το βιβλίο για να πιστέψουν οι άνθρωποι και να μπορέσει να φέρει τον παράδεισο στη γη.

Ο παράδεισος που έχει υποσχεθεί στους ανθρώπους δε θα είναι πουθενά αλλού αλλά εδώ στη γη. Όταν ο παράδεισος έρθει στη γη όλοι οι άνθρωποι θα μπορούν να ζήσουν τον παράδεισο γιατί όλοι οι άνθρωποι μετά από ένα διάστημα από τον θάνατό τους ξαναγεννιούνται στη γη χωρίς να θυμούνται τίποτα από την προηγούμενη ζωή τους.

Ο Θεός θέλει να φέρει τον παράδεισο στη γη γιατί η γη κινδυνεύει από τον Σατανά και το οργανωμένο έγκλημα.

Ο Σατανάς δεν είναι τίποτα άλλο από τους μάγους και τις μάγισσες σε όλο τον κόσμο.

Αυτό το βιβλίο είναι το Ευαγγέλιο του Θεού γιατί το έχει υπαγορεύσει ο ίδιος. Ο Θεός ποτέ δεν έχει υπαγορεύσει ένα βιβλίο, και αποφάσισε να το κάνει υπαγορεύοντας αυτό το βιβλίο το οποίο περιέχει έξι μικρότερα βιβλία.

Είναι έτοιμος να δώσει ό,τι αποδείξεις του ζητήσουν οι άνθρωποι για να μπορέσουν να πιστέψουν ότι αυτό το βιβλίο είναι από τον αληθινό Θεό.

Ο Σατανάς προσπαθεί να κοροϊδέψει τους ανθρώπους, ο Θεός όταν αποφασίζει να γράψει, δε φοβάται να πει την αλήθεια. Θέλει οι άνθρωποι να έχουν αυτό στο μυαλό τους όταν θα διαβάζουν αυτό το βιβλίο.

Ο Θεός είναι συγχώρεση και αγάπη, δεν αγαπάει μόνο τους πλούσιους ή αυτούς που έχουν δύναμη, αγαπάει και τους φτωχούς και τους αδύναμους, αυτούς που αδικούνται με διάφορους τρόπους, άλλες φορές εμφανείς και άλλες φορές όχι και τόσο εμφανείς.

Θέλει να αγαπάμε τον συνάνθρωπό μας και να μην κάνουμε κατάχρηση της δύναμής μας ως αποτέλεσμα του επαγγέλματός μας ή της κοινωνικής ή οικονομικής μας κατάστασης.

Γιατί όταν το κάνουμε αυτό, είναι σαν να το κάνουμε στον ίδιο τον Θεό, ο οποίος είναι μέσα σε κάθε άνθρωπο. Όταν ένα άτομο αδικείται, καταπιέζεται και δε γίνονται σεβαστά τα δικαιώματά του, η αξιοπρέπεια του και το δίκιο του, τότε υποφέρει και ο ίδιος ο Θεός μαζί του.

Το θέλημα του είναι να σεβόμαστε ο ένας τον άλλο, να μην εκμεταλλευόμαστε τη θέση μας, τη δύναμή μας ή τις γνώσεις μας για να κάνουμε κακό να καταπιέσουμε ή να ελέγξουμε άλλους ανθρώπους.

Αυτό ισχύει για άτομα, ομάδες ή κράτη που μόλις βρεθούν σε θέση ισχύος εκμεταλλεύονται τη δύναμη τους για να καταπιέσουν, να εκμεταλλευτούν ή ακόμα χειρότερα, για να σκοτώσουν να βιάσουν ή να αιχμαλωτίσουν τις ψυχές και τα σώματα άλλων ανθρώπων.

Θέλει όλα τα κράτη και όλοι οι άνθρωποι να είναι ελεύ-θεροι. Θα τιμωρεί τα κράτη ή τις ομάδες ατόμων που επιχειρούν να περιορίσουν την ελευθερία μιας χώρας.

Το θέλημα του είναι να ζούμε αρμονικά χωρίς να κατα-πιέζουμε ο ένας τον άλλο με τρόπο εμφανή ή άλλους τρόπους που δεν είναι εμφανείς. Οι μη εμφανείς τρόποι είναι οι μαγείες.

Οι μαγείες είναι ό,τι χειρότερο στα μάτια του και θα πο-λεμήσει με κάθε τρόπο όσους κάνουν μαγείες μέχρι να τους καταστρέψει τελείως. Μέχρι να καταλάβουν αυτοί που εφαρμόζουν αυτούς τους τρόπους ότι έχουν τον ίδιο τον Θεό απέναντί τους και την τιμωρία του. Γιατί προσπαθούν να ελέγξουν, να καταπιέσουν και τελικά να σκλαβώσουν ολόκληρες ομάδες ατόμων, ακόμα και ολόκληρα έθνη.

Το θέλημα του είναι να σεβόμαστε τα ζώα. Μπορούμε να σκοτώσουμε ένα ζώο για να το φάμε αλλά όχι για την ευχαρίστησή μας ή το εύκολο κέρδος να βασανίζουμε τα ζώα. Ή να τους παίρνουμε τη ζωή χωρίς πρώτα να τα αφήνουμε να χαρούν για λίγο διάστημα αυτή τη ζωή που τους έδωσε ο Θεός. Είναι άλλο πράγμα να σκοτώσουμε ένα ζώο για να το φάμε και άλλο πράγμα να βασανίζουμε τα ζώα με οποιαδήποτε δικαιολογία.

Το θέλημα του είναι να σεβόμαστε το περιβάλλον και να κάνουμε ό,τι είναι δυνατόν για να το προστατέψουμε. Σεβασμός στον άνθρωπο, σεβασμός στα ζώα, σεβασμός στο περιβάλλον. Αυτά τα τρία πρέπει να πηγαίνουν μαζί και το ένα εξαρτάται από το άλλο. Δεν μπορούμε να σεβόμαστε το περιβάλλον χωρίς να σεβόμαστε τα ζώα ή χωρίς να σεβόμαστε τους ανθρώπους που είναι φτιαγμένοι κατ' εικόνα και ομοίωση με τον Θεό.

Η δύναμή μας προέρχεται από τον Θεό, όταν κάνουμε το θέλημά του μας βοηθάει, διαφορετικά δεν μπορεί να μας βοηθήσει. Το θέλημα του είναι να είμαστε καλοί και δίκαιοι με τους ανθρώπους αλλά και με τα ζώα.

Να μην καταπιέζουμε τους άλλους μόλις βρούμε την ευ-καιρία και να είμαστε καλοί και δίκαιοι με όλους. Ιδιαίτερα με τους αδύναμους, με αυτούς που έχουν αδικηθεί από άλλους ανθρώπους και αυτούς που χρειάζονται τη βοήθειά μας. Είτε πρόκειται για παιδιά είτε χήρες και ορφανά, είτε φτωχοί άνθρωποι που θέλουν μια αξιοπρεπή συμπεριφορά από τους άλλους ανθρώπους.

Πώς πρέπει να προσευχόμαστε

Ο Θεός έχει φτιάξει την προσευχή για να μπορούν οι άνθρωποι να επικοινωνούν μαζί του. Όταν ένας άνθρωπος προσεύχεται, τότε επικοινωνεί με τον Θεό. Η προσευχή πρέπει να βγαίνει από την καρδιά του κάθε ανθρώπου. Πρέπει να έχει αλήθεια, πρέπει να έχει δικαιοσύνη, πρέπει να έχει ισορροπία.

Ο Θεός είναι με το μέρος των ανθρώπων που καταπιέζονται και υποφέρουν, αρκεί και αυτοί να μην κάνουν κακά πράγματα σε άλλους ανθρώπους. Κάθε άνθρωπος που υποφέρει από αδικίες, από καταπίεση άλλων ανθρώπων, εάν προσευχηθεί, μπορεί να λάβει δύναμη για να ανταπεξέλθει στις δυσκολίες που αντιμετωπίζει, και ο Θεός θα τιμωρήσει αυτούς που τον έχουν αδικήσει.

Η προσευχή μας πρέπει να είναι σε καθημερινή βάση. Λίγα λεπτά της ώρας αρκούν, κάθε πρωί πριν ξεκινήσουμε για τη δουλειά μας. Αλλά πρέπει να είναι ειλικρινής με αγάπη και με θέρμη προς εκείνον. Με τα δικά μας λόγια και όχι μία προσευχή που κάποιος άλλος έχει γράψει.

Μπορούμε να μιλάμε στον Θεό νοερά, για τα θέματα που μας απασχολούν, και να ζητάμε να μας βοηθήσει. Είναι προτιμότερο να είμαστε γονατιστοί, εάν μπορούμε. Είναι μόνο για λίγα λεπτά και με αυτόν τον τρόπο δείχνουμε την αγάπη μας προς εκείνον, ζητάμε με ταπεινότητα και σεβασμό τη βοήθειά του.

Πρέπει να τον ευχαριστούμε στη διάρκεια της προσευχής μας, αλλά και στη διάρκεια της ημέρας με κάθε ευκαιρία. Θα ακούσει την προσευχή μας ανάλογα με την αγάπη μας προς εκείνον, αλλά ανάλογα και με τη συμπεριφορά μας προς τους άλλους ανθρώπους. Θέλει να σεβόμαστε τους άλλους ανθρώπους, τα παιδιά, και να είμαστε καλοί και δίκαιοι, όπως καλός και δίκαιος είναι και ο Θεός.

Όταν προσευχόμαστε, η ψυχή μας πρέπει να είναι καθαρή και ο λόγος μας να είναι ο λόγος της αλήθειας. Τότε ο Θεός θα εισακούσει την προσευχή μας και θα μας βοηθήσει. Δε θέλει η προσευχή να είναι μηχανική, δε θέλει η προσευχή να είναι ανειλικρινής, δε θέλει η προσευχή μας να είναι μεγάλη σε διάρκεια.

Όταν η προσευχή είναι μεγάλη σε διάρκεια χάνει τη δύναμή της. Θέλει η προσευχή να είναι δυνατή για να μπορεί να βοηθάει περισσότερο τους ανθρώπους.

Μπορούμε να ζητάμε τη βοήθειά του όταν αντιμετωπί-ζουμε αδικίες από άλλους ανθρώπους, αρκεί να έχουμε το δίκιο με το μέρος μας και όχι το δίκιο επειδή είμαστε πιο ισχυροί, πιο όμορφοι ή ακόμα ότι αισθανόμαστε πιο κοντά στο Θεό επειδή πάμε στην εκκλησία ή επειδή προσευχόμαστε κάθε μέρα.

Δε θέλει οι άνθρωποι να προσεύχονται όλη μέρα όπως νομίζουν μερικοί άνθρωποι. Θέλει όμως να υπάρχει αγάπη στην προσευχή, ταπεινότητα και υπομονή.

Ο Θεός δεν μπορεί να ξεγελαστεί από κανέναν άνθρωπο, γιατί αν οι άνθρωποι ξεγελάσουν τον Θεό, αυτόματα θα έχουν την τιμωρία του. Θέλει να είμαστε καλοί και δίκαιοι και να μην κάνουμε μαγείες. Θέλει να έχουμε αγάπη και πίστη προς εκείνον, θέλει να είμαστε ειλικρινείς και να μην αδικούμε κανέναν άνθρωπο. Θέλει επίσης να έχουμε υπομονή με τον Θεό, αλλά και με τους ανθρώπους, θέλει να έχουμε τη βοήθειά του, αν το αξίζουμε.

Για να αξίζει κάποιος τη βοήθεια του Θεού, πρέπει να έχει δικαιοσύνη, αγάπη και ισορροπία, πρέπει να έχει βαπτιστεί και να ακολουθεί τις εντολές του, που περιγράφονται μέσα σε αυτό το βιβλίο.

Οι δέκα εντολές είναι δοσμένες από τον ίδιο και είναι σωστές. Ο Θεός αποφάσισε να υπαγορεύσει αυτό το βιβλίο, γιατί αποφάσισε να κάνει τη Δευτέρα Παρουσία του και θέλει όλοι οι άνθρωποι να γνωρίζουν το θέλημα του πιο αναλυτικά για να μην μπορεί κανείς να πει ότι δεν ήξερε. Από εδώ και στο εξής θα τιμωρεί με πιο άμεσο τρόπο τους ανθρώπους που θα παραβαίνουν τις εντολές του. Το ίδιο θα κάνει και με όσους τηρούν τις εντολές του, η ανταμοιβή τους θα είναι άμεση.

Ο Θεός δε θέλει οι άνθρωποι να τον βλέπουν σαν τιμωρό, αλλά σαν έναν πατέρα που προσπαθεί να προστατέψει τα παιδιά του. Δε θέλει επίσης να τον βλέπουν σαν αυστηρό, γιατί θέλει να προστατέψει τα παιδιά του.

Αν δεν προστάτευε τα παιδιά του, ο Σατανάς, δηλαδή οι μάγοι και οι μάγισσες, θα είχαν σκλαβώσει τις ψυχές και τα άυλα σώματα των ανθρώπων. Θέλει οι άνθρωποι να είναι ελεύθεροι να κάνουν ό,τι θέλουν, αρκεί να μην περιορίζουν την ελευθερία των άλλων ανθρώπων.

Όταν προσευχόμαστε για κάποια αδικία που μας έχουν κάνει, πρέπει να είναι πραγματικά το δίκιο με το μέρος μας και τότε εκείνος θα μας δώσει δύναμη να ανταπεξέλθουμε στις δυσκολίες που αντιμετωπίζουμε. Αλλά και αυτόματα, χωρίς εμείς να χρειάζεται να του το ζητήσουμε, θα τιμωρήσει αυτόν ή αυτούς που μας έχουν αδικήσει. Όσο ισχυροί και αν είναι, όση δύναμη και αν έχουν, γιατί αγαπάει πραγματικά τη δικαιοσύνη και αγαπάει αυτούς που είναι δίκαιοι.

Το ίδιο θα κάνει και για ένα κράτος ή ένα έθνος που κινδυνεύει. Θα το κάνει αυτό μόνο εάν δει ότι πραγματικά έχουμε το δίκιο με το μέρος μας και η τιμωρία του θα είναι ανάλογη με το κακό που μας έχουν κάνει ή προσπάθησαν να μας κάνουν.

Όταν παίρνουμε βοήθεια από εκείνον ποτέ δεν πρέπει να ξεχνάμε να λέμε ευχαριστώ. Η σχέση του κάθε ανθρώπου μαζί του είναι μία σχέση που χτίζεται σιγά-σιγά. Όσο περισσότερο αγαπάμε τον Θεό, τόσο περισσότερο μπορεί να μας αγαπάει και εκείνος.

Δεν μπορούμε όμως να τον αγαπάμε όταν δε σεβόμαστε τους άλλους ανθρώπους, τα παιδιά μας, τους υπαλλήλους μας, τους μαθητές μας, τις συζύγους ή τους συζύγους μας. Ο Θεός βλέπει τη συμπεριφορά μας απέναντί του αλλά και απέναντι στους άλλους ανθρώπους. Θέλει όλοι οι άνθρωποι να προσεύχονται σε εκείνον ή σε έναν από τους αγίους που είναι ενωμένοι μαζί του για να μπορεί να τους βοηθάει.

Η καθημερινή προσευχή στο σπίτι μας είναι πολύ σημαντική, το ίδιο σημαντική είναι και η προσευχή στην εκκλησία κάθε Κυριακή ή κάθε Σάββατο, όπως είναι σε άλλους λαούς.

Η προσευχή μας στην εκκλησία μαζί με άλλους ανθρώπους και μαζί με τον ιερέα έχει άλλη δύναμη. Ο Θεός δοξάζεται και ευχαριστιέται όταν βλέπει τους πιστούς να προσεύχονται σε εκείνον. Η προσευχή στην εκκλησία δεν πρέπει να είναι μεγαλύτερη από μία ώρα γιατί οι άνθρωποι κουράζονται μετά από αυτό το διάστημα. Ούτε πρέπει να γίνεται πολύ νωρίς το πρωί για να μπορούν περισσότεροι άνθρωποι να την παρακολουθούν.

Η βοήθεια του στη Θεία Λειτουργία είναι πολύ μεγάλη. Μέσω του ιερέα μας δίνει το σώμα και το αίμα του κάθε φορά που κοινωνούμε τη Θεία ευχαριστία. Γι' αυτό είναι σημαντικό να κοινωνούμε κάθε φορά που παρακολουθούμε τη Θεία λειτουργία και όχι μόνο μία ή δύο φορές τον χρόνο. Ο Θεός νιώθει την αγάπη των πιστών και του ιερέα και τους αγαπάει και Αυτός.

Η προσέλευσή μας στην εκκλησία δεν έχει καμία αξία για εκείνον αν δε συνοδεύεται από μία καλή καρδιά, να έχουμε δηλαδή σεβασμό προς τους άλλους ανθρώπους και να είμαστε καλοί και δίκαιοι. Χαίρεται να βοηθάει τους ανθρώπους που πηγαίνουν στην εκκλησία για να προσευχηθούν, αρκεί να είναι καλοί και δίκαιοι.

Θέλει οι ιερείς να μπορούν να παντρεύονται εάν θέλουν και να έχουν οικογένεια. Θέλει επίσης οι ιερείς να σέβονται τους ανθρώπους, και οι άνθρωποι τους ιερείς. Ο Θεός είναι δίκαιος και θέλει και η εκκλησία να είναι δίκαιη απέναντι στους ανθρώπους αλλά και απέναντι στους ιερείς. Όταν η εκκλησία θα είναι πιο δίκαιη θα μπορεί να έχει περισσότερη δύναμη.

Ο Θεός θέλει όλοι οι άνθρωποι να είναι ευτυχισμένοι. Ο Σατανάς δε θέλει οι άνθρωποι να είναι ευτυχισμένοι. Όταν ο Σατανάς βλέπει ανθρώπους να είναι ευτυχισμένοι, τότε τους πλησιάζει, για να τους πάρει ό,τι έχουν που τους κάνει να είναι ευτυχισμένοι. Εάν είναι πλούσιοι, τους εκβιάζει για να τους πάρει τα χρήματά τους. Εάν δεν είναι πλούσιοι, τους κάνει μαγείες για να τους πάρει την υγεία τους, την αγάπη τους, τη δικαιοσύνη τους, την ισορροπία τους.

Θέλει οι άνθρωποι να μην ενδίδουν στους εκβιασμούς του Σατανά και να μην τον φοβούνται. Θέλει να προσεύχονται σε εκείνον, για να μπορεί να τους βοηθάει. Ο Θεός θα βοηθάει τους ανθρώπους που θα προσεύχονται, και θα τιμωρεί πολύ σκληρά τον Σατανά.

Δεν ωφελεί να πηγαίνουμε στην εκκλησία, ή να κάνουμε καλές πράξεις αν δεν είμαστε πραγματικά δίκαιοι με όλους τους ανθρώπους είτε είναι άνθρωποι που δουλεύουν για εμάς ή εξαρτώνται από εμάς με οποιονδήποτε τρόπο.

Ο κάθε άνθρωπος βαθιά μέσα του ξέρει πότε έχει δίκιο και πότε άδικο. Ξέρει πότε οι αδικίες του μπορεί να εξωθήσουν ένα άλλο άτομο να συμπεριφερθεί απέναντί του με άδικο τρόπο και τότε αυτός να βρει δικαιολογία για να του συμπεριφερθεί ακόμα πιο σκληρά, με ακόμα πιο άδικο τρόπο.

Γι' αυτό είναι σημαντικό να σεβόμαστε και να αγαπάμε τους άλλους ανθρώπους, να είμαστε καλοί και δίκαιοι στα μικρά και όχι τόσο σημαντικά πράγματα, αλλά και στα πιο σοβαρά, ακόμα και αν αυτό δεν είναι πάντα προς το συμφέρον μας.

Η δικαιοσύνη του είναι πάνω από όλα, αγαπάει τη δικαιοσύνη όσο και τους ανθρώπους και γι' αυτόν τον λόγο κάθε φορά που βλέπει ανθρώπους να υποφέρουν από αδικίες θυμώνει και λυπάται και θέλει να βοηθήσει αυτούς που αδικούνται.

Πρέπει όμως αυτοί να του το ζητούν μέσω της προσευχής τους για να μπορεί να τους βοηθάει δίνοντάς τους δύναμη να ανταπεξέλθουν στις δυσκολίες και να τιμωρεί αυτούς που τους αδίκησαν.

Η αδικία που γίνεται σε κάποιον μπορεί να είναι εμφανής ή μερικές φορές να μην είναι εμφανής από τους άλλους ανθρώπους. Αλλά αυτοί που έχουν κάνει την αδικία ξέρουν πολύ καλά τι έχουν κάνει και το ίδιο ξέρει και ο Θεός. Για τον λόγο αυτόν οι άνθρωποι δεν πρέπει να κάνουν κανενός είδους άδικες πράξεις γιατί απέναντί τους θα έχουν τον Θεό και την τιμωρία του.

Αυτοί που θέλουν με άδικο τρόπο να τιμωρήσουν άλλους ανθρώπους με μαγείες και να το παρουσιάσουν ότι η τιμωρία αυτή είναι δήθεν από τον Θεό, θα έχουν την τιμωρία του και θα πάνε στην κόλαση.

Η κόλαση υπάρχει και είναι φτιαγμένη από τον Θεό για να τιμωρεί τους ανθρώπους που στη διάρκεια της ζωής τους ήταν πολύ κακοί άνθρωποι. Στην κόλαση στέλνει μόνο τους πολύ κακούς ανθρώπους, αυτούς που με τρόπους εμφανείς ή μη εμφανείς, δηλαδή με μαγείες, κάνουν κακό σε άλλους ανθρώπους.

Η κόλαση, εάν κάποιος πάει εκεί, είναι για πάντα, δεν είναι για μερικούς μήνες ή χρόνια ή αιώνες, είναι για πάντα. Εκεί πάνε μόνο όσοι συνειδητά και με επαναλαμβανόμενο τρόπο έκαναν κακό σε άλλους ανθρώπους χωρίς να μετανοούν γι' αυτό, χωρίς να διορθώνουν τη συμπεριφορά τους, και χωρίς να ζητούν συγχώρεση από τον Θεό αλλά και από τους ανθρώπους που αδίκησαν.

Αν κάποιος θέλει να ζητήσει συγχώρεση, πρέπει να το κάνει με την εξομολόγηση, σταματώντας να κάνει αδικίες σε άλλους ανθρώπους και επίσης να κάνει ό,τι είναι δυνατόν για να διορθώσει την αδικία στο άτομο ή στα άτομα που την έχει κάνει αλλά και στις οικογένειές τους.

Για τα άτομα που δεν έχουν κάνει κακά πράγματα σε άλλους ανθρώπους με συνειδητό και επαναλαμβανόμενο τρόπο ή που οι αμαρτίες τους δεν ήταν τόσο σοβαρές υπάρχει μια ενδιάμεση κατάσταση που η Καθολική Εκκλησία ονομάζει καθαρτήριο.

Το καθαρτήριο είναι το έλεος και η συγχώρεση του Θεού για τους ανθρώπους που έχουν κάνει αμαρτίες αλλά δεν τους αξίζει η τιμωρία της κόλασης. Στο καθαρτήριο μπορεί ένας άνθρωπος να μείνει για μερικά χρόνια, αρκετά για να συνειδητοποιήσει τις αμαρτίες του και να μετανοήσει, πριν μπορέσει να πάει στον παράδεισο.

Ο παράδεισος είναι για πάντα, όπως και η κόλαση. Μόνο οι καλοί άνθρωποι μπορούν να πάνε στον παράδεισο, αυτοί που στη διάρκεια της ζωής τους ήταν καλοί και δίκαιοι με τους άλλους ανθρώπους, ανεξάρτητα από τη θρησκεία την οποία πιστεύουν ή δεν πιστεύουν.

Η κρίση του Θεού αφορά τις πράξεις μας απέναντι στους άλλους ανθρώπους, κατά πόσο ήμασταν δίκαιοι και καλοί με τους άλλους ανθρώπους, κατά πόσο η συμπεριφορά μας σεβόταν την αξιοπρέπεια, τη ζωή, την ελευθερία και την αίσθηση δικαιοσύνης των άλλων ανθρώπων.

Αν σε όλη μας τη ζωή έχουμε προσπαθήσει να κάνουμε το καλό, αν ήμασταν δίκαιοι και καλοί με τους άλλους ανθρώπους, τότε μπορούμε να πάμε στον παράδεισο. Να είμαστε μαζί με τον Θεό, να έχουμε τα πάντα, να έχουμε την ευλογία, τη χαρά και την αγάπη του.

Ζώντας σε αυτή τη ζωή, όλοι οι άνθρωποι κάνουμε σφάλματα, πράγματα για τα οποία μετανιώνουμε, πράγματα για τα οποία δεν είμαστε και τόσο περήφανοι. Γι' αυτό είναι σημαντικό να ζητάμε συγχώρεση, να προσευχόμαστε και να προσπαθούμε κάθε στιγμή να κάνουμε το θέλημα του, που δεν είναι άλλο από το να σεβόμαστε τους άλλους ανθρώπους και να είμαστε καλοί και δίκαιοι μαζί τους.

Το να είμαστε καλοί και δίκαιοι και να σεβόμαστε τους άλλους ανθρώπους, δε σημαίνει ότι δεν πρέπει να υπερασπιζόμαστε τον εαυτό μας με κάθε νόμιμο μέσο. Εάν μια χώρα δεχθεί επίθεση από μια άλλη εχθρική χώρα, ασφαλώς οι άνθρωποι της χώρας που δέχεται επίθεση θα έχουν υποχρέωση και δικαίωμα να πολεμήσουν για να υπερασπιστούν την ελευθερία τους, τα ιδανικά τους, τον τρόπο ζωής τους.

Η ελευθερία είναι το πολυτιμότερο αγαθό του ανθρώπου. Ο Θεός θέλει να είμαστε ελεύθεροι, γι' αυτό κάθε φορά που ένας λαός υποφέρει από τη στέρηση της ελευθερίας του και εκείνος υποφέρει μαζί του.

Οι υποσχέσεις του Θεού

Ο Θεός δε θέλει ένα κράτος να είναι σκλαβωμένο από ένα άλλο κράτος, ή ένας δικτάτορας να περιορίζει την ελευθερία ενός ολόκληρου λαού. Θέλει ο κάθε λαός να μπορεί ελεύθερα να εκλέγει τον αρχηγό του, όπως γίνεται σήμερα στις περισσότερες χώρες.

Σε περιπτώσεις που η ελεύθερη βούληση ενός λαού περιορίζεται, όπως γίνεται στις χώρες που δεν υπάρχουν ελεύθερες εκλογές, ο Θεός δε θα βοηθάει αυτούς τους δικτάτορες αν δεν αλλάξουν τη συμπεριφορά τους.

Αυτή είναι μια προειδοποίηση προς τους δικτάτορες όλου του κόσμου, αλλά και μία υπόσχεση προς τους ανθρώπους που σήμερα καταπιέζονται και υποφέρουν από δικτατορίες σε όλο τον κόσμο.

Μία δικτατορία είναι δικτατορία ανεξάρτητα από το ιδεολογικό υπόβαθρό της ή τις δικαιολογίες που βρίσκουν κάθε φορά οι διάφοροι δικτάτορες για να καταπιέζουν τον λαό τους.

Με τον ίδιο τρόπο που δε θέλει ένας δικτάτορας να καταπιέζει τον λαό του, με τον ίδιο τρόπο δε θέλει και ένας πατέρας να καταπιέζει τα παιδιά του ή τη γυναίκα του. Πρέπει οι γονείς να σέβονται τα παιδιά τους, και τα παιδιά να σέβονται τους γονείς τους.

Με τον ίδιο τρόπο πρέπει οι δάσκαλοι να σέβονται τα παιδιά και τα παιδιά να σέβονται τους δασκάλους. Με το παράδειγμά μας πρέπει να δείχνουμε στα παιδιά πως το ένα παιδί πρέπει να σέβεται το άλλο, και όχι το ένα παιδί να προσπαθεί να επιβληθεί σε ένα άλλο ή μια ομάδα παιδιών σε μια άλλη.

Ο Θεός είναι το Α και το Ω, είναι αυτός που κάνει βροχή, αέρα, σεισμούς, ανεμοστρόβιλους, που κάνει κρύο, ζέστη. Όλη η φύση βρίσκεται στην κυριαρχία του. Εκείνος μπορεί να αποφασίσει πότε θα κάνει ένα σεισμό ή μία πλημμύρα ή έναν ανεμοστρόβιλο.

Εκείνος μπορεί να αποφασίσει πότε θα κάνει ξηρασία ή πότε θα κάνει έναν κάμπο να βγάλει τροφή για τα ζώα και τους ανθρώπους. Τα πάντα εξαρτώνται από εκείνον. Όσο και αν η τεχνολογία έχει προοδεύσει, πάντα ο Θεός θα ρυθμίζει τις τύχες όλων των χωρών της γης.

Υπάρχουν φορές που αποφασίζει να τιμωρήσει μία χώρα, ή μία ολόκληρη ήπειρο, όχι γιατί είναι κακός ή γιατί δεν αγαπάει αυτόν τον λαό ή αυτή την ήπειρο, αλλά γιατί θέλει να τους βοηθήσει να επανέλθουν στον σωστό δρόμο.

Αν ένας μεγάλος αριθμός ανθρώπων σε μία χώρα ασχολείται με μαγείες προσπαθώντας να κυριαρχήσει στους υπόλοιπους ανθρώπους, τότε δεν έχει άλλη επιλογή από το να τιμωρήσει αυτούς τους ανθρώπους. Είναι όμως έτοιμος να συγχωρήσει αυτούς τους ανθρώπους αρκεί να μετανοήσουν και να σταματήσουν να κάνουν αυτά τα κακά πράγματα.

Δε θέλει καμία ομάδα ανθρώπων να υποφέρει από άλλες ομάδες, καμία ομάδα ανθρώπων να είναι σκλαβωμένη σε μια άλλη ομάδα. Αγαπάει τη δικαιοσύνη και θα πολεμήσει όλους όσους δεν αγαπάνε τη δικαιοσύνη, δε σέβονται τους ανθρώπους, θέλουν να τους εξουσιάζουν και να τους κάνουν ό,τι θέλουν.

Δε θα αφήσει καμία ομάδα ατόμων να εξουσιάζει και να καταπιέζει άλλες ομάδες ανθρώπων ούτε ηγέτες να καταπιέζουν τον λαό τους, ούτε κράτη να έχουν σκλαβωμένους άλλους λαούς.

Αν ένα κράτος ή ένα έθνος που καταπιέζεται ή μία ομάδα ατόμων που υποφέρει προσευχηθεί και ζητήσει τη βοήθειά του, τότε εκείνος θα τρέξει για να βοηθήσει αυτή την ομάδα, αυτό το έθνος ή αυτό το κράτος. Το έχει κάνει στο παρελθόν πολλές φορές και θα το κάνει και στο μέλλον. Κανένας στρατός, κανένας δικτάτορας, καμία ομάδα ανθρώπων, όσο δυνατή και αν είναι, δεν μπορεί να νικήσει τον Θεό.

Ο Θεός έχει αποφασίσει να δείξει την αγάπη του για τους ανθρώπους, να δείξει τη δύναμή του για να πιστέψουν οι άνθρωποι και να μπορέσει να φέρει τον παράδεισο στη γη. Αυτό θα το κάνει με αυτό το βιβλίο που υπαγόρευσε αλλά και μέσα από πολλά θαύματα που θα κάνει.

Ο δάσκαλός μου, Ιωσήφ Μπακ Φονγκ, πίστευε και αγαπούσε τον Θεό. Ο Θεός ήταν ενσαρκωμένος στον δάσκαλό μου χωρίς εγώ, αλλά ούτε και κανένα άλλο άτομο να το ξέρει μέχρι και τον θάνατό του.

Η ενσάρκωση του Θεού στον δάσκαλό μου ήταν κρυφή. Από το παράδειγμα του δασκάλου μου έμαθα να πιστεύω και να αγαπάω πιο πολύ τον Θεό. Αυτό που είμαι το οφείλω εξ' ολοκλήρου στον δάσκαλό μου, χωρίς αυτόν δε θα είχα καταφέρει τίποτα. Ούτε θα είχα την επικοινωνία με τον Θεό ούτε θα είχε αποφασίσει εκείνος να ενσαρκωθεί σε εμένα μετά τον θάνατο του δασκάλου μου.

Ο Θεός με προστατεύει και με βοηθάει σε κάθε μου βήμα. Μου δίνει κουράγιο να γράψω αυτό το βιβλίο που είναι το δικό του βιβλίο. Για κάθε φράση μπορεί να κατηγορηθεί μόνο ο ίδιος γιατί είναι εκείνος που το υπαγορεύει σε εμένα, όπως θα είναι ο ίδιος που θα κάνει τα θαύματα. Τα θαύματα αυτά θα είναι για τη δόξα του αλλά και για να βοηθηθούν οι άνθρωποι και να πιστέψουν ότι αυτό το βιβλίο είναι από τον αληθινό Θεό.

Ο Θεός θέλει όλοι οι άνθρωποι να σωθούν από την κόλαση. Η κόλαση είναι η πιο βαριά τιμωρία για τους ανθρώπους και είναι βαριά γιατί είναι για πάντα. Εκεί οι ψυχές και τα άυλα σώματα των ανθρώπων μπορεί να ζεσταίνονται υπερβολικά, μπορεί να κρυώνουν, μπορεί να τρέμουν από φόβο, μπορεί να τους δαγκώνουν τα σκυλιά ή να τους τσιμπάνε τα όρνεα.

Όλα αυτά χωρίς να μπορούν να κάνουν τίποτα. Μη έχοντας καθόλου δύναμη, το μόνο που μπορούν να κάνουν είναι να υποφέρουν. Όλα αυτά όχι για μερικά χρόνια ή μερικούς αιώνες, αλλά για πάντα. Επίσης, η κάθε ψυχή εκεί είναι απομονωμένη, χωρίς να έχει επαφή με καμία άλλη ψυχή.

Η απόφαση να πάμε στην κόλαση ή στον παράδεισο ανήκει αποκλειστικά σε εμάς. Κάθε φορά που αποφασίζουμε να κάνουμε κακό σε έναν άλλο άνθρωπο κάνουμε ένα βήμα προς την κόλαση. Οι καλές πράξεις που πιθανόν κάνουμε βοηθώντας κάποιους ανθρώπους δε σβήνουν, δε μας απαλλάσσουν από τις κακές μας πράξεις που μπορεί να έχουμε κάνει σε άλλους ανθρώπους. Για να σβηστούν οι κακές μας πράξεις πρέπει να μετανοήσουμε πραγματικά για αυτές, να τις εξομολογηθούμε σε έναν ιερέα και φυσικά να μην τις επαναλάβουμε.

Η εξομολόγηση είναι το έλεος του, ο Θεός δείχνει την αγάπη του για αυτούς που μετανοούν πραγματικά και τους συγχωρεί. Είναι η χρυσή ευκαιρία που έχουμε όσο είμαστε σε αυτή τη ζωή. Αρκεί η μετάνοια μας να είναι ειλικρινής και να σταματάμε τη συμπεριφορά που βλάπτει άλλους ανθρώπους. Για αυτούς που θα προσπαθήσουν να ξεγελάσουν τον Θεό περιμένοντας να μετανοήσουν και να εξομολογηθούν λίγο πριν πεθάνουν η συγχώρεση του δε θα υπάρχει.

Υπάρχουν συνήθειες ανθρώπων όπως είναι ο τζόγος, το ποτό, τα ναρκωτικά που μπορεί να θεωρούνται αμαρτίες, όμως στα μάτια του αυτή η συμπεριφορά δε θεωρείται αμαρτία από μόνη της γιατί το άτομο κάνει κακό μόνο στον εαυτό του.

Αν ένα άτομο που αντιμετωπίζει ένα τέτοιο πρόβλημα προσεύχεται καθημερινά με αγάπη και με θέρμη. Εάν ζητάει βοήθεια με λόγο ειλικρινή και καθαρή ψυχή ο Θεός μπορεί να τον βοηθήσει και να του δώσει τη δύναμη να ξεπεράσει οποιοδήποτε πρόβλημα τον απασχολεί.

Όταν αντιμετωπίζουμε ένα σοβαρό πρόβλημα μπορούμε μαζί με την προσευχή μας να λέμε τρεις φορές νοερά το Πάτερ ημών και κάθε φορά να προσθέτουμε στο τέλος τη λέξη «αμήν», τρεις φορές. Ο Θεός θα μας βοηθήσει, θα μας δώσει τη δύναμη να ξεπεράσουμε το πρόβλημα που αντιμετωπίζουμε και θα τιμωρήσει αυτόν ή αυτούς που μας έχουν κάνει κακό.

Λέγοντας τρεις φορές νοερά το Πάτερ ημών ο Θεός μπορεί να μας βοηθήσει και να βγάλει τη μαγεία ή τις μαγείες που μπορεί να έχουμε. Τίποτα δε μένει κρυφό από εκείνον, ακόμα και αν το άτομο που μας έχει κάνει κακό είναι στην άλλη μεριά του πλανήτη και τελείως άγνωστο σε εμάς. Εκείνος το ξέρει και μπορεί να το τιμωρήσει.

Η Θεία Κοινωνία

Η Θεία Κοινωνία είναι ένα μυστήριο στο οποίο ο άρτος και ο οίνος γίνονται το σώμα και το αίμα του Θεού. Ο ίδιος ο Θεός έχει δώσει μόνο στους Ορθόδοξους και τους Καθολικούς ιερείς τη δυνατότητα να μπορούν να κάνουν αυτό το θαύμα στη διάρκεια της Θείας λειτουργίας. Κανένας άνθρωπος, αν δεν είναι ιερέας, δεν μπορεί να το κάνει αυτό.

Ο ίδιος είπε να λαμβάνουμε εμείς οι πιστοί τη Θεία Κοινωνία εις ανάμνησή του. Δηλαδή κάθε φορά που βρισκόμαστε στη Θεία λειτουργία να μπορούμε να μεταλαβαίνουμε τη Θεία Κοινωνία, και όχι μόνο σε εξαιρετικές περιπτώσεις όπως είναι τα Χριστούγεννα και το Πάσχα.

Ο Θεός λέει ότι ένας πιστός δεν είναι απαραίτητο να έχει εξομολογηθεί και να έχει νηστέψει για να λάβει τη Θεία Κοινωνία. Μπορεί να λαμβάνει τη Θεία Κοινωνία σε εβδομαδιαία βάση μαζί με τον Εκκλησιασμό του αλλά τη νηστεία και την εξομολόγηση να την κάνει μία ή δύο φορές τον χρόνο.

Ένα άλλο εμπόδιο για τη λήψη από τους πιστούς της Θείας Κοινωνίας κυρίως στην Ορθόδοξη Εκκλησία, το οποίο πρέπει να εξαλειφθεί, είναι η πρακτική που ακολουθείται να λαμβάνουν όλοι οι πιστοί τη Θεία Κοινωνία με το ίδιο κουτάλι.

Είναι μία πρακτική που κρατάει πολλούς πιστούς μακριά από το να λαμβάνουν τη Θεία Κοινωνία όσο πιο συχνά μπορούν, λόγω του φόβου μετάδοσης ασθενειών. Ένα μικρό κομμάτι ψωμί όπως το αντίδωρο βουτηγμένο με προσοχή για να μη στάξει το αίμα του Θεού στο πάτωμα μπορεί να αντικαταστήσει τη σημερινή πρακτική.

Η εκκλησία χρειάζεται καλούς ιερείς, δεν έχει σημασία εάν θα είναι παντρεμένοι ή ανύπαντροι, αυτό που είναι σημαντικό είναι να σέβονται τον Θεό, να τον αγαπάνε και να τον υπηρετούν. Υπηρετώ τον Θεό σημαίνει ότι σέβομαι τους ανθρώπους, σέβομαι τα παιδιά και έχω επίγνωση ότι μέσα σε κάθε άνθρωπο είναι ο Θεός. Είμαι καλός και ευγενικός με όλους και δεν κάνω κατάχρηση της θέσεως μου. Είμαι ταπεινός και δεν προκαλώ με τον τρόπο ζωής μου.

Ο γάμος

Ο γάμος είναι κάτι ιερό, είναι μία υπόσχεση που δίνουν δύο άνθρωποι μεταξύ τους αλλά και ενώπιον του Θεού, ότι ο ένας θα αγαπάει και θα σέβεται τον άλλο. Δε θα πάει με έναν άλλον ερωτικό σύντροφο στην πρώτη ευκαιρία που θα του δοθεί, ούτε θα εγκαταλείψει τον σύζυγο ή τη σύζυγο για έναν νεότερο, πιο όμορφο ή πιο πλούσιο σύντροφο.

Υπάρχουν περιπτώσεις που αναγκάζουν τον ένα από τους δύο συντρόφους να ζητήσει διαζύγιο, αλλά αυτό πρέπει να γίνεται μόνο αν το άτομο αυτό έχει εξαντλήσει κάθε προσπάθεια για να φτιάξει τη σχέση του.

Ένα άτομο για να έχει εξαντλήσει κάθε προσπάθεια πρέπει να έχει προσευχηθεί και να έχει ζητήσει τη βοήθειά του. Πρέπει να έχει εξηγήσει στον σύντροφό του τι τον ενοχλεί, και πρέπει να έχει δίκιο σε αυτά που ζητάει από τον σύντροφό του. Αν ένα άτομο έχει κάνει όλα αυτά χωρίς ανταπόκριση από το άλλο άτομο και αναγκαστεί να ζητήσει διαζύγιο ο Θεός δε θα το θεωρεί αμαρτία, διαφορετικά δε θα μπορεί να τον βοηθήσει.

Η προσευχή μπορεί να βοηθήσει πάρα πολύ στην επί-λυση των προβλημάτων του ζευγαριού. Η αγάπη και η αλληλοκατανόηση πρέπει να είναι βασικά συστατικά ενός γάμου. Πρέπει να ξέρουμε ότι έχουμε ευθύνη απέναντι στα παιδιά μας και ότι τα παιδιά προτιμούν να μεγαλώνουν και με τους δύο γονείς μαζί, γιατί έτσι αισθάνονται περισσότερη αγάπη και ασφάλεια. Θέλει επίσης και οι δύο γονείς να μπορούν να χαίρονται την ανάπτυξη των παιδιών τους.

Σε ένα γάμο πρέπει και οι δύο σύζυγοι να προσπαθούν να διατηρήσουν την αγάπη τους. Να λένε πολλές φορές την ημέρα ο ένας στον άλλο "σ'αγαπώ" και πολλές φορές την ημέρα "συγνώμη", ακόμα και για μικρά πράγματα.

Πρέπει όταν νευριάζουν ο ένας με τον άλλο να μη λένε άσχημες ή προσβλητικές κουβέντες πάνω στον θυμό τους. Δεν πρέπει πάνω στον θυμό μας να λέμε άσχημες ή προσβλητικές κουβέντες με τις οποίες μπορεί να πληγώσουμε ή να στεναχωρήσουμε ο ένας τον άλλο.

Είναι προτιμότερο, όταν θα έχουμε ηρεμήσει, να εξηγήσουμε τι μας έχει ενοχλήσει ή πληγώσει στη συμπεριφορά ή στα λόγια του άλλου. Και τα δύο άτομα πρέπει να δείχνουν κατανόηση και διάθεση να ξεπεράσουν τις δυσκολίες που παρουσιάζονται.

Ο καθένας από εμάς πρέπει να βάζει τον εαυτό του στη θέση του άλλου και να ρωτάμε, αν ήμουν εγώ στη θέση του, θα μου άρεσε να κάνουν ή να μου πουν αυτό; Αυτός είναι ένας κανόνας που μπορούμε να εφαρμόζουμε και στην καθημερινή ζωή μας με όλους τους ανθρώπους.

Ο Θεός θέλει τα ζευγάρια να αγαπούν ο ένας τον άλλο για πάντα. Όταν ένα ζευγάρι αγαπάει ο ένας τον άλλο για πάντα, τότε έχουν την ευλογία του. Θέλει να δίνει την ευλογία του στα ζευγάρια γιατί τότε αυτοί μπορούν μετά τον θάνατό τους να πάνε αμέσως στον παράδεισο, εάν δεν έχουν κάνει άλλες σοβαρές αμαρτίες στη ζωή τους. Θέλει όλοι οι άνθρωποι να πηγαίνουν κατευθείαν στον παράδεισο και όχι στο καθαρτήριο ή στην κόλαση.

Η κόλαση είναι για πάντα, το καθαρτήριο δεν είναι για πάντα, αλλά η ζωή εκεί δεν είναι εύκολη. Οι άνθρωποι δοκιμάζονται και παθαίνουν όλα όσα αυτοί είχαν κάνει στους άλλους ανθρώπους για να μπορέσουν να συνειδητοποιήσουν τις αμαρτίες τους και να μετανοήσουν. Στο καθαρτήριο οι άνθρωποι μένουν μερικά χρόνια, και μετά μπορούν να πάνε στον παράδεισο. Ο Θεός θέλει να μην υποφέρουν οι άνθρωποι, θέλει να είναι ευτυχισμένοι, θέλει να έχουν την ευλογία του και τη χαρά του.

Το ίδιο πράγμα θέλει και για τους ανθρώπους που ζουν εδώ στη γη, δε θέλει να υποφέρουν και να είναι δυστυχισμένοι, θέλει να είναι χαρούμενοι. Γι' αυτό τον λόγο αποφάσισε να κάνει τη Δευτέρα Παρουσία του, για να μπορέσει να φέρει τον παράδεισο στη γη.

Η σπουδαιότητα της παρθενιάς

Η παρθενιά μιας κοπέλας είναι κάτι σημαντικό. Είναι ένα δώρο από τον Θεό. Ο Θεός ήθελε να βρει έναν τρόπο για να μπορούν τα ζευγάρια να είναι πιο αγαπημένα μεταξύ τους. Αυτό το πέτυχε δημιουργώντας την παρθενιά στις κοπέλες. Είναι ό,τι πολυτιμότερο έχει μία κοπέλα, γιατί βοηθάει την ψυχική ένωση του ζευγαριού αλλά και τη σωματική. Είναι ένα δώρο που μπορεί να κάνει μία κοπέλα στον σύζυγό της, αλλά και στον εαυτό της, μετά τον γάμο.

Η κάθε κοπέλα πρέπει να μπορεί να αποφασίσει από μόνη της για αυτό το θέμα, δεν είναι κάτι το οποίο οι γονείς πρέπει να επιβάλουν. Οι γονείς μπορούν να συμβουλεύουν, αλλά όχι να επιβάλουν τη γνώμη τους στα παιδιά τους. Ο Θεός θέλει να πει στις κοπέλες ότι δεν τις αδικεί με αυτό τον τρόπο αλλά τις βοηθάει να έχουν καλύτερη ερωτική ζωή.

Ο Θεός θέλει ο άντρας και η γυναίκα να είναι ίσοι. Ίσοι δε σημαίνει ότι είναι ίδιοι αλλά ότι και οι δύο έχουν την ίδια αξία. Οι άντρες πρέπει να σέβονται τις γυναίκες και οι γυναίκες τους άντρες.

Θέλει όλοι οι άνθρωποι να έχουν τέλειο γάμο. Για να έχει ένας άνθρωπος τέλειο γάμο πρέπει να παντρευτεί μια κοπέλα που θα είναι παρθένα γιατί διαφορετικά η γυναίκα του θα ανήκει στον άντρα που θα της έχει πάρει την παρθενιά.

Όταν ένας άντρας πάρει την παρθενιά μιας κοπέλας, ένα μέρος της ψυχής της, και του άυλου σώματός της, φεύγει από το σώμα της κοπέλας και πάει και ενώνεται με το σώμα αυτού του άντρα. Ένας άντρας πρέπει να παντρεύεται μία κοπέλα παρθένα για να ενώνεται η ψυχή και το σώμα της γυναίκας του, μαζί του.

Θέλει να έχουν την ευκαιρία όλοι οι άντρες να παντρευτούν μία κοπέλα παρθένα. Θέλει επίσης οι κοπέλες να έχουν το άυλο σώμα τους και την ψυχή τους ενωμένα με τον άντρα που θα έχουν παντρευτεί στην εκκλησία.

Ο Θεός δεν το θεωρεί αμαρτία αν μία κοπέλα χάσει την παρθενιά της πριν το γάμο της, αλλά η κάθε κοπέλα θα πρέπει να ξέρει ότι αυτό δεν είναι προς το συμφέρον της. Ένας άντρας που θα της έχει πάρει την παρθενιά μπορεί τελικά να μην την παντρευτεί, και σε αυτή την περίπτωση δε θα είναι καλό για την ίδια.

Γι' αυτόν τον λόγο συμβουλεύει τις κοπέλες να κάνουν έρωτα με τον άντρα τους που θα έχουν παντρευτεί στην εκκλησία.

Όποιος άντρας πάρει την παρθενιά μιας κοπέλας επίτηδες, για να πάρει την ενέργειά της, θα έχει σκληρή τιμωρία από τον Θεό.

Όταν μία κοπέλα παρθένα κάνει έρωτα με τον άντρα της, ο άντρας της θα την αγαπάει περισσότερο, το ίδιο θα ισχύει και για την ίδια, θα αγαπάει τον άντρα της περισσότερο. Όταν κάνει σεξ με τον άντρα της θα νιώθει πιο πολύ ηδονή, το ίδιο θα αισθάνεται και ο άντρας της. Αυτό γίνεται γιατί η ψυχή της και το σώμα της είναι ενωμένα με το σώμα του άντρα της.

Ο Θεός θέλει να κάνει ένα δώρο στους ανθρώπους. Οι άνθρωποι δεν ήξεραν πόσο σημαντική είναι η παρθενιά μιας κοπέλας, και γι' αυτό μπορεί να έχουν παντρευτεί ή να θέλουν να παντρευτούν μία κοπέλα που δεν είναι παρθένα. Ούτε οι κοπέλες ήξεραν πόσο σημαντική ήταν η παρθενιά τους για τις ίδιες και για τον γάμο τους. Γι' αυτό θέλει να βοηθήσει τα ζευγάρια να πάρουν πίσω το άυλο σώμα και την ψυχή της κοπέλας που έχει ενωθεί με το σώμα του άντρα που της πήρε την παρθενιά.

Τα ζευγάρια αυτά θα μπορούν να το πετύχουν αυτό εάν λένε και οι δύο μαζί το Πάτερ ημών δεκατέσσερις φορές για έξι συνεχόμενες παρασκευές. Όταν θα λένε αυτή την προσευχή θα πρέπει να είναι όρθιοι και απέναντί τους να έχουν την εικόνα του Άγιου Ιωσήφ και του Χριστού. Πρέπει, επίσης, να λένε αυτή την προσευχή με κανονική φωνή και όχι νοερά. Όταν η κοπέλα, αλλά και ο άντρας αισθανθούν ότι είναι πιο πολύ ενωμένοι, και αγαπούν ο ένας τον άλλο πιο πολύ, αυτό θα σημαίνει ότι η ψυχή και το άυλο σώμα της κοπέλας έχει φύγει από τον άντρα που είχε πάρει την παρθενιά της κοπέλας και έχει πάει στο σώμα του άντρα που είναι τώρα παντρεμένη.

Όταν ένα ζευγάρι είναι ενωμένο ψυχικά και σωματικά, αυτό τους βοηθάει να αγαπούν ο ένας τον άλλο περισσό-τερο, αλλά και να έχουν πιο ικανοποιητική σεξουαλική ζωή μεταξύ τους. Ο Θεός θα δίνει αυτό το δώρο μόνο στα ζευγάρια που θα έχουν παντρευτεί στην εκκλησία, θα έχουν βαπτιστεί και οι δύο, και θα είναι καλοί και δίκαιοι.

Αν ένα ζευγάρι πει το Πάτερ ημών για έξι Παρασκευές και δε νιώσουν να είναι πιο πολύ ενωμένοι και να αγαπούν ο ένας τον άλλο περισσότερο, τότε αυτό θα σημαίνει ότι έχουν κάνει κάποια σοβαρή αμαρτία και θα πρέπει να μετανοήσουν, να εξομολογηθούν, και φυσικά να μην επαναλάβουν την αμαρτία που είχαν κάνει. Μετά την εξομολόγησή τους θα πρέπει να επαναλάβουν το Πάτερ ημών με τον ίδιο τρόπο.

Όταν όλοι οι άνθρωποι θα έχουν διαβάσει αυτό το βιβλίο και θα έχουν μάθει πόσο σημαντική είναι η παρθενιά μιας κοπέλας, τότε ο Θεός θα σταματήσει να δίνει αυτό το δώρο στους ανθρώπους, που ενώ ξέρουν, συνεχίζουν να χάνουν την παρθενιά τους χωρίς πρώτα να έχουν παντρευτεί στην εκκλησία.

Ο Θεός θα συνεχίσει για πάντα να δίνει αυτό το δώρο στους ανθρώπους που ξαναπαντρεύονται στην εκκλησία γιατί ο γάμος τους απέτυχε, ενώ είχαν κάνει κάθε προσπάθεια για να τον σώσουν. Δε θα βοηθάει τους ανθρώπους που χωρίζουν για να παντρευτούν έναν πιο όμορφο, πιο νέο, ή πιο πλούσιο σύντροφο. Επίσης, δε θα ευλογεί τον γάμο τους ή τη σεξουαλική τους ζωή.

Οι άντρες πρέπει να σέβονται τις κοπέλες, και να σέβονται την παρθενιά τους. Για μία κοπέλα είναι ό,τι πολυτιμότερο έχει. Θα πρέπει να βλέπουν τις κοπέλες όπως βλέπουν την αδελφή τους ή τη μητέρα τους. Δεν πρέπει να παίρνουν την παρθενιά μίας κοπέλας. Ο κάθε άντρας πρέπει να παίρνει μόνο την παρθενιά της γυναίκας που θα έχει παντρευτεί στην εκκλησία.

Ένας άντρας και μία γυναίκα, εάν θέλουν να έχουν ένα ευτυχισμένο γάμο, δεν πρέπει να παντρεύονται από συμφέρον, αλλά γιατί αγαπιούνται πραγματικά. Δεν πρέπει να παντρεύονται κάποιον μόνο επειδή είναι όμορφος ή όμορφη αλλά επειδή αγαπιούνται πραγματικά. Δεν πρέπει να παντρεύονται μόνο επειδή ο ένας λέει στον άλλο ότι τον αγαπά αλλά επειδή αγαπιούνται πραγματικά.

Όταν ένας άντρας αγαπάει μία κοπέλα πραγματικά, τότε θα της είναι πιστός σε όλη του τη ζωή. Θα την αγαπάει σε καλές και κακές στιγμές, θα την αγαπάει ακόμα και όταν γεράσει, θα την αγαπάει ακόμα και όταν είναι άρρωστη, θα την αγαπάει ακόμα και όταν είναι ετοιμοθάνατη, θα την αγαπάει για πάντα. Το ίδιο θα ισχύει και για μία κοπέλα.

Το τέλειο σεξ

Η σεξουαλικότητα είναι ένα δώρο από τον Θεό και οι άνθρωποι έχουν δικαίωμα και πρέπει να τη χαίρονται. Ο Θεός δεν επιτρέπει τη μοιχεία αλλά οι άνθρωποι έχουν δικαίωμα να είναι σεξουαλικά ευτυχισμένοι με τον σύντροφό τους που θα έχουν παντρευτεί στην εκκλησία.

Ο Θεός θέλει να φέρει παράδεισο στη γη. Παράδεισος χωρίς μία ευτυχισμένη και πλούσια σεξουαλική ζωή δεν μπορεί να υπάρξει. Γι' αυτόν τον λόγο αποφάσισε να μιλήσει γι' αυτό το θέμα.

Ήθελε να γράψει για αυτό το θέμα αργότερα σε ένα άλλο βιβλίο, αλλά τελικά αποφάσισε να μιλήσει για αυτό το πολύ σημαντικό και ταυτόχρονα πολύ ευαίσθητο θέμα σε αυτό το βιβλίο.

Ο Θεός έχει φτιάξει τον άνθρωπο και ξέρει και την παραμικρή λεπτομέρεια για το ανθρώπινο σώμα. Ξέρει ότι για να είναι ένας άνθρωπος ευτυχισμένος δεν του αρκούν μόνο τα υλικά αγαθά, αλλά πρέπει να έχει και μια ευτυχισμένη και πλούσια σεξουαλική ζωή.

Το τέλειο σεξ είναι βασικό συστατικό του Παραδείσου. Το τέλειο σεξ προϋποθέτει οργασμό με τα σεξουαλικά όργανα και τον πρωκτό. Το τέλειο σεξ δίνει χαρά στους ανθρώπους, τους βοηθάει να έχουν καλή υγεία και μακροζωία. Ο πρωκτός είναι ένα σημείο που μπορεί να προσφέρει ηδονή και στους άντρες και τις γυναίκες που δεν είναι ομοφυλόφιλοι αλλά θέλουν να έχουν μια πιο πλούσια ερωτική ζωή μεταξύ τους.

Ο Θεός δεν το θεωρεί αμαρτία, ούτε είναι ομοφυλόφιλος ένας άντρας που, ενώ κάνει σεξ με τη γυναίκα του, έχει και πρωκτική ηδονή. Το ίδιο ισχύει και για μία γυναίκα που κάνει σεξ με τον άντρα της.

Όταν ένας άνθρωπος έχει οργασμό με τα σεξουαλικά όργανα και τον πρωκτό, είναι πιο ευτυχισμένος και ευγενικός με τους άλλους ανθρώπους αλλά και με τα ζώα. Ο πρωκτικός οργασμός δίνει χαρά σε όλο το σώμα αλλά και στην ψυχή.

Ο πρωκτός είναι ένα σημείο που, ενώ μπορεί να προσφέρει ηδονή, είναι συγχρόνως και ένα πολύ ευαίσθητο σημείο, και γι' αυτό δεν πρέπει ποτέ να γίνεται χωρίς τη θέληση και των δύο συζύγων. Ο Θεός έχει φτιάξει τον άνθρωπο, και ξέρει ότι μπορεί να έχει οργασμό με τα σεξουαλικά όργανα και τον πρωκτό.

Ο στοματικός έρωτας επίσης μεταξύ ενός άντρα και της συζύγου του, δε θεωρείται αμαρτία από τον Θεό. Μία γυναίκα μπορεί να προσφέρει ηδονή στον σύζυγο της με αυτό τον τρόπο, το ίδιο και ένας άντρας στη σύζυγό του. Το σπέρμα ενός άντρα εάν το καταπιεί η γυναίκα του, τη βοηθάει να αγαπάει περισσότερο τον άντρα της, αλλά βοηθάει και τον άντρα να αγαπάει περισσότερο τη γυναίκα του.

Ο Θεός θέλει να κάνει ένα δώρο στους ανθρώπους. Το δώρο αυτό είναι η δυνατότητα να έχουν τέλειο οργασμό. Ο τέλειος οργασμός προϋποθέτει τέλειο σεξ. Το τέλειο σεξ μπορεί να επιτευχθεί μόνο με τη βοήθεια του. Αν ένα άτομο θέλει να έχει τέλειο σεξ, πρέπει να προσευχηθεί και να ζητήσει τη βοήθειά του. Ο Θεός θα βοηθάει μόνο τα άτομα που δεν αδικούν και δεν καταπιέζουν άλλους ανθρώπους.

Το τέλειο σεξ προϋποθέτει αγάπη με ένα άτομο που έχουμε παντρευτεί στην εκκλησία. Θέλει τα ζευγάρια να παντρεύονται στην εκκλησία για να μπορεί να τα βοηθάει. Όταν ένα ζευγάρι παντρευτεί στην εκκλησία ο Θεός ευλογεί τον γάμο τους αλλά και τη σεξουαλική τους ζωή.

Άλλο ένα μυστικό για τέλεια σεξουαλική ζωή είναι το μασάζ. Το μασάζ μπορεί να γίνεται και από τους δύο συντρόφους και μπορεί να περιλαμβάνει όλα τα σημεία του σώματος. Άλλο ένα μυστικό είναι τα φιλιά και μπορούν να περιλαμβάνουν όλα τα σημεία του σώματος.

Άλλο ένα μυστικό είναι να μπορούμε να λέμε ό,τι θέλουμε στον σύντροφό μας στη διάρκεια της ερωτικής πράξης, εκτός από κουβέντες ή φράσεις που μπορεί να είναι προσβλητικές για τον σύντροφό μας.

Άλλο ένα μυστικό είναι να μπορούμε να φανταστούμε έναν άλλο ερωτικό σύντροφο εάν θέλουμε κατά τη διάρκεια της ερωτικής πράξης. Ο Θεός θέλει οι άνθρωποι να αισθάνονται ότι δεν τους λείπει τίποτα.

Άλλο ένα μυστικό για μία ευτυχισμένη και πλούσια σε-ξουαλική ζωή είναι ο άντρας να κάνει στη γυναίκα του ό,τι του ζητάει στο κρεβάτι και η γυναίκα να κάνει το ίδιο στον άντρα της. Η αγάπη και η αλληλοκατανόηση πρέπει να κυριαρχούν κατά τη διάρκεια της ερωτικής πράξης.

Αυτά τα ερωτικά μυστικά αποφάσισε να τα αποκαλύψει στους ανθρώπους για να χαίρονται περισσότερο τον έρωτα αλλά και τη ζωή γενικότερα. Θα τιμωρήσει όποιον άνθρωπο κατηγορήσει το άτομο που γράφει αυτό το βιβλίο με την υπαγόρευσή του. Ο Θεός αποφάσισε να φέρει τον παράδεισο στη γη και παράδεισος χωρίς μία ευτυχισμένη και πλούσια ερωτική ζωή δεν μπορεί να υπάρξει.

Αυτό δε σημαίνει ότι επιτρέπει τη μοιχεία ή τη σεξουαλική εκμετάλλευση των ανθρώπων με οποιοδήποτε τρόπο. Αλλά από την άλλη μεριά θέλει οι άνθρωποι να χαίρονται τον έρωτα, χωρίς να νομίζουν ότι κάνουν κάτι κακό.

Ο Θεός θέλει να πει στην εκκλησία ότι δεν πρέπει να απορρίψει αυτό το βιβλίο επειδή αποφάσισε να πει την αλήθεια στους ανθρώπους για το θέμα της σεξουαλικότητας. Ποτέ δεν είπε ότι οι άνθρωποι δεν πρέπει να χαίρονται τον έρωτα. Αυτό που είπε είναι «ου μοιχεύσεις». Ο Θεός δεν αγαπάει τη μοιχεία και είναι αμαρτία.

Δε θέλει οι άνθρωποι να παρατούν τον σύζυγο ή τη σύζυγό τους μόλις βρουν έναν πιο όμορφο, πιο νέο ή πιο πλούσιο σύντροφο. Θέλει οι άνθρωποι να αισθάνονται σιγουριά μέσα στον γάμο τους. Η σύζυγος να είναι πιστή στον σύζυγό της όπως και εκείνος σε αυτήν.

Ο Θεός δε θέλει οι άνθρωποι να χωρίζουν. Αν μία γυναίκα αντιμετωπίζει προβλήματα με τον σύντροφό της, πρέπει να προσπαθήσει να του εξηγήσει ποιες είναι οι συμπεριφορές που την κάνουν να είναι δυστυχισμένη στον γάμο της. Πρέπει, επίσης, να προσευχηθεί, και να ζητήσει τη βοήθειά του.

Αν όλα αυτά αποτύχουν, τότε μπορεί να ζητήσει διαζύγιο από τον σύντροφό της. Ο Θεός δε θέλει ένα άτομο να είναι δυστυχισμένο στον γάμο του, αλλά ούτε και θέλει οι άνθρωποι να χωρίζουν με το παραμικρό. Θέλει το διαζύγιο να είναι η έσχατη, και όχι η εύκολη, λύση.

Ο αυνανισμός δεν είναι αμαρτία και μπορεί να είναι μία διέξοδος κυρίως για τους νέους, άνδρες και γυναίκες, μέχρι τον γάμο. Το ορμονικό σύστημα χρειάζεται καλή σεξουαλική ζωή. Όταν ένα άτομο δεν έχει παντρευτεί, μπορεί αυτός ή αυτή να έχει καλή σεξουαλική ζωή με τον αυνανισμό. Ο Θεός θέλει όλοι οι άνθρωποι να έχουν καλή σεξουαλική ζωή γι' αυτό μιλάει για τον αυνανισμό.

Η έκτρωση είναι αμαρτία και ποτέ ένα ζευγάρι δεν πρέπει να προσφεύγει σε αυτή τη λύση. Αν ένα ζευγάρι δε θέλει να κάνει παιδιά πρέπει να λαμβάνει τα απαραίτητα μέτρα προφύλαξης. Δεν είναι αμαρτία να παίρνει μέτρα προφύλαξης αν δε θέλει να κάνει παιδιά.

Αν μία μητέρα δεν μπορεί να μεγαλώσει το παιδί της είναι προτιμότερο να το δώσει σε μια άλλη οικογένεια να το μεγαλώσει ή σε ένα ίδρυμα από το να κάνει έκτρωση. Η μοναδική περίπτωση που δε θεωρεί αμαρτία την έκτρωση είναι σε περιπτώσεις σοβαρού προβλήματος υγείας του εμβρύου. Ο Θεός έχει ιδιαίτερη αγάπη για τα ορφανά παιδιά, τις χήρες, και τις γυναίκες που μεγαλώνουν μόνες τους τα παιδιά τους. Όποιος αδικεί μία χήρα γυναίκα, ένα ορφανό παιδί, θα έχει διπλάσια τιμωρία από τον Θεό.

Η βάπτιση

Όταν ένα παιδί γεννιέται πρέπει να βαπτίζεται όσο το δυνατόν πιο γρήγορα. Αν αυτό είναι εφικτό μέσα στις πρώτες δεκαπέντε ημέρες της ζωής του για να έχει προστασία από κινδύνους που οι γονείς δεν ξέρουν. Η βάπτιση είναι καλό να γίνεται χωρίς το νερό για να μην τρομάζει το παιδί. Και γιατί ο Θεός θέλει η βάπτιση να μην είναι μία άσχημη εμπειρία για το παιδί, θέλει να είναι μία ευχάριστη εμπειρία. Αν ο ιερέας θέλει μπορεί να σχηματίσει το σχήμα του σταυρού στο μέτωπο του παιδιού με λίγο νερό.

Ο Θεός δε χρειάζεται απαραίτητα το νερό για να ευλογήσει ένα παιδί, ούτε είναι απαραίτητη και δεύτερη βάπτιση όταν το παιδί θα είναι πιο μεγάλο, ό,τι κάνει ο Θεός μία φορά δε χρειάζεται να το επαναλάβει.

Χρειάζεται επίσης την αγάπη του ιερέα και των γονέων, και μία προσευχή που δε θα διαρκεί περισσότερο από δεκαπέντε λεπτά. Τα παιδιά κουράζονται και τρομάζουν όταν οι ιερείς τα βάζουν μέσα στο νερό, γι' αυτό ο Θεός θέλει η προσευχή να είναι σύντομη και χωρίς το νερό.

Ο Σατανάς θέλει όλοι οι άνθρωποι να είναι άθεοι. Ο Σατανάς θέλει όλοι οι άνθρωποι να είναι άθεοι για να μπορεί πιο εύκολα να τους κάνει κακό. Ο Θεός θέλει όλοι οι άνθρωποι να πιστεύουν και να προσεύχονται σε εκείνον για να μπορεί να τους βοηθάει.

Ο Θεός θέλει να βοηθάει τους ανθρώπους, αυτός είναι και ο λόγος που αποφάσισε να γράψει αυτό το βιβλίο. Αυτό το βιβλίο είναι η σοφία και η αλήθεια του. Κανένας άνθρωπος δεν μπορεί να υποσχεθεί ό,τι υπόσχεται ο Θεός σε αυτό το βιβλίο.

Θέλει όλοι οι άνθρωποι να έχουν την ευκαιρία να ζήσουν με αξιοπρέπεια, σεβασμό και δικαιοσύνη. Θέλει όλοι οι άνθρωποι να έχουν την ευκαιρία να ζήσουν ευτυχισμένοι.

Θέλει όλα τα κράτη και όλοι οι άνθρωποι να είναι ελεύθεροι. Θα τιμωρεί τα κράτη ή τις ομάδες ατόμων που επιχειρούν να περιορίσουν την ελευθερία ενός λαού.

Οι άνθρωποι που συσσωρεύουν χρήματα αδικώντας και καταπιέζοντας άλλους ανθρώπους δεν πρόκειται να χαρούν τα χρήματά τους, θα έχουν την τιμωρία του. Δε θα τους αφήσει να συνεχίσουν να καταπιέζουν και να αδικούν άλλους ανθρώπους.

Θέλει δικαιοσύνη, θα κάνει τα πάντα για αυτούς που αδικούνται και καταπιέζονται είτε με εμφανείς τρόπους είτε με μη εμφανείς. Οι μη εμφανείς τρόποι, δηλαδή οι μαγείες, είναι πολλές φορές πιο επικίνδυνοι, γι' αυτό θα καταστρέψει όσους αδικούν και καταπιέζουν άλλους ανθρώπους με μαγείες. Θα πληρώσουν σε αυτή τη ζωή, αλλά και στην άλλη ζωή. Θα έχουν εξασφαλισμένη μία θέση στην κόλαση, εκτός εάν μετανοήσουν, ζητήσουν συγχώρεση και έλεος, και σταματήσουν να κάνουν μαγείες. Ο Θεός τους ξέρει όλους.

Αυτό το βιβλίο είναι η τελευταία προειδοποίηση προς όλους εκείνους που καταπιέζουν και αδικούν άλλους ανθρώπους με μαγείες. Ο Θεός αποφάσισε να κάνει τη Δευτέρα Παρουσία του και να φέρει τον παράδεισο που έχει υποσχεθεί στους ανθρώπους.

Οι καλοί άνθρωποι δεν πρέπει να φοβούνται, μόνο αυτοί που καταπιέζουν και αδικούν άλλους ανθρώπους πρέπει να φοβούνται και να μετανοήσουν. Αν δε μετανοήσουν η τιμωρία τους θα είναι άμεση και σκληρή.

Οι καλοί άνθρωποι πρέπει να χαίρονται για την απόφαση του Θεού να φέρει τον παράδεισο στη γη. Αυτό σημαίνει ότι σιγά-σιγά η πείνα, η φτώχεια, οι πόλεμοι, οι αδικίες, η καταπίεση, οι φυσικές καταστροφές και οι μαγείες θα σταματήσουν.

Θα κάνει πολλά θαύματα για να δείξει τη δύναμή του, και την αγάπη του για τους ανθρώπους. Ο Θεός θέλει να πιστέψουν οι άνθρωποι αυτό το βιβλίο για να μπορέσει να φέρει τον παράδεισο στη γη.

Ο ΘΕΌΣ ΚΑΙ ΤΟ ΣΎΜΠΑΝ

Ο Θεός δημιούργησε το σύμπαν σε έξι ημέρες. Αυτές οι έξι ημέρες δεν ήταν συνεχόμενες αλλά μεσολαβούσαν κάποια χρόνια μεταξύ της μίας ημέρας και της άλλης για να προετοιμάσει αυτό που θα δημιουργούσε.

Την πρώτη ημέρα δημιούργησε τη μεγάλη έκρηξη, το Big Bang, τη δεύτερη ημέρα δημιούργησε τους πλανήτες και όλο το σύμπαν. Την τρίτη ημέρα δημιούργησε τους ωκεανούς και την τέταρτη ημέρα δημιούργησε τα φυτά. Την πέμπτη ημέρα, ο Θεός δημιούργησε τα πουλιά, τα πτηνά, τα ζώα και τα ψάρια και την έκτη ημέρα δημιούργησε τον άνθρωπο.

Οι επιστήμονες έχουν δίκιο όταν λένε ότι ο κόσμος δημιουργήθηκε από το Big Bang, αλλά το Big Bang δημιουργήθηκε από τον Θεό, καθώς και οι ακριβείς διαστάσεις του σύμπαντος, ώστε να μπορεί να υπερνικά τον νόμο της βαρύτητας.

Η ηλικία του σύμπαντος είναι περίπου εννέα δισεκατομμύρια χρόνια. Η ηλικία επίσης όλων των ανθρώπων είναι το ίδιο με την ηλικία του σύμπαντος.

Ο άνθρωπος είναι αθάνατος, μόνο το φυσικό του σώμα πεθαίνει και μετά από δέκα με δεκαπέντε χρόνια ξαναγεννιέται για να ζήσει μία καινούρια ζωή εδώ στη γη.

Αν κάποιος άνθρωπος πάει στο καθαρτήριο, θα ξαναγεννηθεί μετά από είκοσι με είκοσι πέντε χρόνια. Ο κάθε άνθρωπος γεννιέται πάντα με το ίδιο φύλο, αν είναι άντρας γεννιέται πάντα ως άντρας και αν είναι γυναίκα γεννιέται πάντα ως γυναίκα.

Αμέσως μετά τη δημιουργία του σύμπαντος ο Θεός έφτιαξε τους νόμους με τους οποίους κυβερνάται όλο το σύμπαν, που είναι η δικαιοσύνη, η αγάπη και η ισορροπία.

Οι νόμοι αυτοί είναι σημαντικοί και κανένας άνθρωπος δεν μπορεί να εξαιρεθεί από αυτούς. Ο Θεός μέσα από αυτό το βιβλίο δίνει και την ερμηνεία των συγκεκριμένων νόμων.

Ο Σατανάς, δηλαδή οι μάγοι και οι μάγισσες, πιστεύουν ότι μπορούν να ξεγελάσουν τον Θεό και ότι με τις μαγείες τους μπορούν να παρακάμψουν αυτούς τους νόμους, αυτό όμως δεν είναι αλήθεια. Κανένας άνθρωπος, όσες μαγείες και αν κάνει, δεν μπορεί να παρακάμψει ή να ακυρώσει αυτούς τους νόμους.

Ο Θεός δημιούργησε τον άνθρωπο από το τίποτα, το ίδιο και τα αστέρια, τους γαλαξίες και όλο το σύμπαν. Πριν από αυτό υπήρχε το απόλυτο σκοτάδι. Αποφάσισε να δημιουργήσει όλα αυτά από αγάπη για τη δημιουργία.

Δημιούργησε το σύμπαν με τον ίδιο τρόπο που δημιούργησε τον άνθρωπο. Ο άνθρωπος έχει έναν εγκέφαλο και το σύμπαν έχει έναν εγκέφαλο. Ο εγκέφαλος του σύμπαντος είναι ο Θεός. Ο Θεός είναι ένας για όλο το σύμπαν.

Τα διάφορα όργανα του σώματος αντιστοιχούν στους διάφορους κόσμους ή σύμπαντα που υπάρχουν σε ολόκληρο το σύμπαν. Οι μαύρες τρύπες που υπάρχουν στο σύμπαν είναι εννέα, όσες και οι τρύπες που έχει το ανθρώπινο σώμα.

Οι πλανήτες που έχουν ζωή και κατοικούνται από ανθρώπους με την ίδια ακριβώς μορφή με τη δική μας είναι τρεις, όσες και οι βασικές λειτουργίες του ανθρώπινου σώματος. Οι βασικές λειτουργίες του ανθρώπινου σώματος είναι τα νεφρά, η καρδιά και το συκώτι.

Η γη αντιστοιχεί στα νεφρά και οι άλλοι δύο πλανήτες στα άλλα δύο όργανα του σώματος. Οι πλανήτες που έχουν ζωή βρίσκονται στους τρεις διαφορετικούς κόσμους ή σύμπαντα που υπάρχουν σε ολόκληρο το σύμπαν. Στο κάθε σύμπαν υπάρχει μόνο ένας πλανήτης που έχει ζωή.

Για να μπορεί το σύμπαν να λειτουργεί σωστά και με αρμονία πρέπει και η ζωή των ανθρώπων στους τρεις αυτούς πλανήτες να λειτουργεί σωστά. Αν η ζωή των ανθρώπων σε έναν πλανήτη υποβαθμιστεί, τότε όλο το σύμπαν υποφέρει. Γιατί το σύμπαν λειτουργεί σαν ένας ανθρώπινος οργανισμός που το ένα όργανο επηρεάζει το άλλο.

Η ζωή των ανθρώπων μπορεί να υποβαθμιστεί σε έναν πλανήτη εάν επικρατήσει ο Σατανάς. Γι' αυτό ο Θεός δε θα αφήσει ποτέ τον Σατανά, δηλαδή τους μάγους και τις μάγισσες, να επικρατήσουν στη γη.

Ο Σατανάς δεν έχει επικρατήσει στους άλλους δύο πλανήτες. Οι άνθρωποι εκεί, με τη βοήθεια του Θεού, έχουν καταφέρει να έχουν δικαιοσύνη, αγάπη και ισορροπία. Έχουν καταφέρει δηλαδή να έχουν τον παράδεισο.

Τώρα έχει έρθει και η σειρά της γης να καταφέρει με τη βοήθεια του Θεού να αποκτήσει δικαιοσύνη, αγάπη και ισορροπία. Όταν η γη καταφέρει να έχει δικαιοσύνη, αγάπη και ισορροπία, τότε θα έχει τον παράδεισο.

Ο παράδεισος επί της γης δεν είναι κάτι μακρινό, μπορεί να έρθει μέσα σε λίγα χρόνια. Ο Θεός θα δώσει όλη τη γνώση που έχει δώσει και στους άλλους δύο πλανήτες που κατοικούνται από ανθρώπους που έχουν την ίδια ακριβώς μορφή με τη δική μας. Εκεί οι άνθρωποι δεν αδικούν, δεν καταπιέζουν και δεν κάνουν μαγείες.

Έχουν ασφάλεια με τη βοήθεια του Θεού, τέλειο κλίμα, αρκετό φαγητό και νερό. Έχουν καθαρό περιβάλλον, έχουν το κέλυφος με το οποίο μπορούν να πετούν και να πηγαίνουν σε όποιο σημείο του πλανήτη τους θέλουν, έχουν τα τρία δοχεία με τα βασικά είδη διατροφής, που τα γεμίζει ο Θεός μόλις αδειάσουν. Επίσης, έχουν τη συσκευή που τους δίνει δωρεάν ηλεκτρική ενέργεια με τη δύναμη της βαρύτητας, έχουν τέλεια υγεία, μπορούν να ζουν μέχρι εκατό πενήντα ετών, έχουν τέλεια σεξουαλική ζωή, τα έχουν όλα.

Το ίδιο θέλει να κάνει και στη γη, θέλει να δώσει όλα αυτά και στους ανθρώπους στη γη. Ο Θεός έχει υποσχεθεί τον παράδεισο στους ανθρώπους και τώρα έχει έρθει η ώρα να πραγματοποιήσει την υπόσχεσή του, να φέρει τον παράδεισο επί της γης.

Το έργο του Θεού είναι να φέρει τον παράδεισο και στους τρεις πλανήτες που κατοικούνται από ανθρώπους. Τώρα είναι η σειρά της γης να έχει τον παράδεισο.

Όλο το σύμπαν είναι ένα τέλειο σύστημα. Για να λειτουργεί σωστά το σύμπαν πρέπει και οι τρεις πλανήτες που έχουν ζωή να λειτουργούν σωστά. Θέλει όλο το σύμπαν να λειτουργεί με αρμονία. Θέλει όλο το σύμπαν να λειτουργεί με αρμονία, γιατί ο Θεός είναι αρμονία. Δε θέλει τη δυσαρμονία, θέλει την αρμονία. Θέλει δικαιοσύνη, αγάπη και ισορροπία.

Οι άνθρωποι που πεθαίνουν πάνε στον παράδεισο, ο παράδεισος δεν είναι τίποτε άλλο από την επιστροφή τους στη γη για να ζήσουν μια άλλη ζωή χωρίς να θυμούνται τίποτα από την προηγούμενη ζωή τους. Γι' αυτό οι άνθρωποι, όσο και αν ψάξουν, δε θα βρουν τίποτα για την προηγούμενη ζωή τους. Αν κάποιος τους υποσχεθεί ότι μπορεί να τους βοηθήσει να βρουν κάτι για την προηγούμενη ζωή τους, αυτό θα είναι ψέματα για να τους εκμεταλλευτεί.

Όσοι πάνε στο καθαρτήριο και αυτοί μετά από κάποιο διάστημα, είκοσι έως είκοσι πέντε χρόνια, θα μπορέσουν να πάνε στον παράδεισο, δηλαδή να επιστρέψουν στη γη και να έχουν την ευκαιρία να ζήσουν μία καινούρια ζωή.

Ο Θεός στέλνει τα άτομα που έχουν πεθάνει στις χώρες που ζούσαν πριν τον θάνατό τους. Το κάνει αυτό για να είναι πιο οικείο το περιβάλλον στα παιδιά που γεννιούνται και για να αισθάνονται πιο άνετα. Μόνο σε εξαιρετικές περιπτώσεις και εάν υπάρχει σοβαρός λόγος μπορεί να στείλει ένα άτομο σε μια άλλη χώρα από αυτή που ζούσε πριν, για να το βοηθήσει.

Από την αρχή της δημιουργίας του κόσμου έχει φτιάξει έναν ορισμένο αριθμό ψυχών για να κατοικήσουν στη γη. Αυτός είναι και ο λόγος που οι άνθρωποι δεν πρέπει να ανησυχούν μήπως ο πληθυσμός στη γη αυξηθεί πάρα πολύ. Ο αριθμός των ψυχών που έχει φτιάξει είναι εννέα δισεκατομμύρια. Ο Θεός είναι στην κυριολεξία ο πατέρας όλων των ανθρώπων, γιατί τους έχει δημιουργήσει.

Θέλει όλοι οι άνθρωποι να έχουν την ευκαιρία να ζήσουν μία καινούρια ζωή χωρίς να θυμούνται τίποτε από την προηγούμενη ζωή τους.

Ο Θεός έχει υποσχεθεί τον παράδεισο στους ανθρώπους και γι' αυτό τώρα αποφάσισε να βασιλέψει στη γη και να φέρει τον παράδεισο επί της γης. Μόνο όσοι πάνε στην κόλαση δε θα έχουν την ευκαιρία να ξαναγεννηθούν. Θα μείνουν για πάντα στην κόλαση.

Αν ένα άτομο αντιμετωπίζει δυσκολίες στη ζωή του δεν έχει το δικαίωμα να βάλει μόνος του τέλος στη ζωή του για να ξαναρχίσει μία καινούρια ζωή. Η ζωή μας είναι από τον Θεό και ποτέ δεν πρέπει να βάζουμε τέλος στη ζωή μας μόνοι μας.

Μόνο αν κάποιος είναι πολύ βαριά άρρωστος και τον κρατούν στη ζωή με μηχανικά μέσα, τότε το άτομο αυτό ή οι συγγενείς του, αν δεν μπορεί το ίδιο, έχουν το δικαίωμα να ζητήσουν να του βγάλουν τα τεχνητά μέσα που τον κρατούν στη ζωή.

Οι Άγιοι

Οι άγιοι και αυτοί δεν ξαναγεννιούνται αλλά είναι κοντά στον Θεό για να τον βοηθούν στο έργο του. Τέτοιοι πραγματικά άγιοι δεν είναι πάρα πολλοί. Είναι ο Χριστός, ο πάπας Ιωάννης Παύλος ΙΙ, ο δάσκαλος του ατόμου που γράφει αυτό το βιβλίο, Ιωσήφ Μπακ Φονγκ, και η Παναγία. Αυτοί οι άγιοι είναι ενωμένοι με τον Θεό και μπορούν να δώσουν βοήθεια στους ανθρώπους εάν προσευχηθούν σε αυτούς.

Πολλές φορές οι άνθρωποι προσεύχονται σε έναν άγιο που δεν είναι πραγματικά άγιος και παίρνουν βοήθεια. Αυτό γίνεται γιατί ο Θεός βλέπει την πίστη τους και τους βοηθάει και όχι ο συγκεκριμένος άγιος στον οποίο προσεύχονται.

Αν ένας άγιος θέλει, μπορεί να παραιτηθεί από τη θέση του και να ξαναγεννηθεί στη γη σαν απλός άνθρωπος αλλά κανένας άγιος δε θέλει να το κάνει αυτό. Ο Θεός έχει δώσει σε όλους τους ανθρώπους ελεύθερη βούληση, το ίδιο ισχύει και για τους αγίους. Δε θέλει κανένας άνθρωπος να αισθάνεται καταπιεσμένος γιατί όταν ένας άνθρωπος καταπιέζεται, τότε καταπιέζεται και ο Θεός.

Οι άγιοι είναι ενωμένοι με τον Θεό, μόνο ο Θεός μπορεί να αποφασίσει ποιοι άνθρωποι θα είναι ενωμένοι μαζί του. Η εκκλησία πιστεύει ότι μπορεί να κάνει έναν άνθρωπο άγιο. Αυτό όμως δεν είναι αλήθεια.

Ο Θεός αποφασίζει να κάνει άγιους μόνο ανθρώπους που τον έχουν βοηθήσει, όπως ήταν ο Χριστός και η Παναγία.

Ο πάπας Ιωάννης Παύλος ο II βοήθησε επίσης τον Θεό γιατί κατά τη διάρκεια που ήταν πάπας άκουγε πάντα ό,τι τον συμβούλευε ο Θεός, και το έκανε αμέσως.

Ο άγιος Ιωσήφ Μπακ Φονγκ βοήθησε τον Θεό πάρα πολύ. Ο Θεός ήταν ενσαρκωμένος στον άγιο Ιωσήφ Μπακ Φονγκ πριν ενσαρκωθεί στον Πέτρο και έκανε πάντα το θέλημα του μέχρι και τον θάνατό του.

Ο Θεός αποφασίζει συνήθως αμέσως μετά τον θάνατο ενός ανθρώπου αν θα τον κάνει άγιο ή όχι. Γιατί ξέρει και την παραμικρή λεπτομέρεια από τη ζωή του κάθε ανθρώπου. Ο Θεός θα κάνει και άλλα άτομα αγίους που τον έχουν βοηθήσει ή θα τον βοηθήσουν στο μέλλον.

Οι βασικοί νόμοι του σύμπαντος

Ο Θεός έφτιαξε τον άνθρωπο κατ' εικόνα και ομοίωση του, του έδωσε την ικανότητα να δημιουργεί, να ξεχωρίζει το καλό από το κακό, το δίκιο από το άδικο, την ικανότητα να έχει συναισθήματα, να έχει ορμές, να μπορεί να αναπαράγεται.

Του έδωσε ένα περιβάλλον που μπορεί να του προσφέρει όλα τα απαραίτητα για την επιβίωσή του. Του έδωσε ελεύθερη βούληση, του έδωσε την ικανότητα να έχει ελευθερία σκέψεως αλλά και πράξεως.

Από την άλλη μεριά, έφτιαξε νόμους που, αν ο άνθρωπος τους παραβεί, θα υποστεί τις συνέπειες. Οι νόμοι αυτοί είναι απλοί: δικαιοσύνη, αγάπη και ισορροπία. Αν ένα από αυτά λείπει, τότε κάτι κάνουμε λάθος, αν δύο από αυτά λείπουν, τότε έχουμε μεγάλο πρόβλημα, αν και τα τρία λείπουν, τότε είμαστε με τον Σατανά.

Ο Σατανάς υπάρχει και δεν είναι τίποτε άλλο από ανθρώπους που κάνουν μαγείες. Τις μαγείες αυτές τις κάνουν με τη βοήθεια άλλων μάγων που έχουν πεθάνει. Οι μάγοι αυτοί που έχουν πεθάνει δεν είναι τίποτε άλλο από τα δαιμόνια. Σκοπός του Σατανά, δηλαδή των μάγων, είναι να επικρατήσουν πάνω στη γη, να σκλαβώσουν τις ψυχές και τα σώματα των ανθρώπων. Ο Θεός μέχρι τώρα το επέτρεπε αυτό αλλά από εδώ και στο εξής δε θα το επιτρέπει.

Αποφάσισε να κάνει τη Δευτέρα Παρουσία του γιατί είδε ότι ο Σατανάς είναι μία πραγματική απειλή για τους ανθρώπους. Έχει ήδη σκλαβώσει ένα μεγάλο μέρος των ανθρώπων και απειλεί να σκλαβώσει όλη τη γη. Ο Θεός θα πολεμήσει τον Σατανά, όλοι οι μάγοι που έχουν πεθάνει θα πάνε στην κόλαση, το ίδιο και αυτοί που θα πεθαίνουν από εδώ και στο εξής, θα πηγαίνουν κατευθείαν στην κόλαση, αν δε μετανοήσουν. Δε θα τους επιτρέψει να είναι μεταξύ των υπόλοιπων ανθρώπων.

Οι μάγοι και οι μάγισσες δε θα έχουν πια τη βοήθεια από τα δαιμόνια για να κάνουν τις μαγείες τους. Ούτε τα δαιμόνια θα μπορούν να μπαίνουν στα σώματα των ανθρώπων, ούτε θα μπορούν οι μάγοι να σκλαβώνουν και να βασανίζουν τις ψυχές και τα σώματα των ανθρώπων που έχουν πεθάνει για να έχουν αυτοί περισσότερη δύναμη.

Ο Θεός θα βασιλέψει επί της γης. Όλοι οι άνθρωποι θα ζουν αρμονικά μεταξύ τους, θα σέβονται και θα αγαπούν ο ένας τον άλλο. Δε θα κάνουν μαγείες, ούτε θα αδικούν, ούτε θα καταπιέζουν άλλους ανθρώπους. Θα είναι ο παράδεισος επί της γης. Αυτό θα το επιβάλει με δικαιοσύνη αλλά και τιμωρία γι' αυτούς που αδικούν και καταπιέζουν άλλους ανθρώπους.

Κανείς να μη νομίσει ότι κάνοντας κακό στο άτομο που γράφει αυτό το βιβλίο με την υπαγόρευση του θα μπορέσει να σταματήσει τη βασιλεία του επί της γης. Ο Θεός διάλεξε αυτό το άτομο για να ενσαρκωθεί, η βασιλεία του όμως θα συνεχίσει και μετά τον φυσικό θάνατο αυτού του ατόμου.

Θα κάνει τα πάντα για να έρθει ο παράδεισος επί της γης. Θα δώσει στους ανθρώπους ασφάλεια, γνώσεις για να ξεπεράσουν προβλήματα, αλλά και χαρά για να χαίρονται αυτή τη ζωή. Η πείνα, η δυστυχία, η καταπίεση θα σταματήσουν. Η δικαιοσύνη, η αγάπη και η χαρά για τη ζωή θα έχουν πάρει τη θέση τους.

Θέλει οι άνθρωποι να είναι δίκαιοι μαζί του για να μπορεί να τους δίνει την ευλογία του. Ο Θεός δίνει την ευλογία του στους ανθρώπους που είναι δίκαιοι. Όταν ένας άνθρωπος δεν είναι δίκαιος με τον Θεό, τότε δεν μπορεί να είναι δίκαιος με κανέναν. Θέλει όλοι οι άνθρωποι να είναι δίκαιοι μαζί του για να έχουν την ευλογία του.

Θέλει να έχουμε αγάπη. Η αγάπη είναι απαραίτητο συστατικό του παραδείσου. Χωρίς αγάπη παράδεισος δεν υπάρχει. Ο Θεός θέλει να κάνει ένα δώρο στους ανθρώπους, θέλει να τους δώσει την αγάπη του. Ένας άνθρωπος έχει την αγάπη του αν έχει αγάπη για τον πλησίον του, αν έχει αγάπη για τον Θεό, αν έχει αγάπη για τον σύντροφό του, αν έχει αγάπη για τα ζώα. Αν ένας άνθρωπος τα έχει όλα αυτά τότε θα έχει την αγάπη του.

Θέλει οι άνθρωποι να αγαπάνε αληθινά και όχι ψεύτικα. Αγαπώ αληθινά σημαίνει ότι έχω πίστη, έχω υπομονή, έχω συγχώρεση. Όταν ένας άνθρωπος τα έχει όλα αυτά, τότε αγαπάει αληθινά.

Ο Θεός θέλει όλοι οι άνθρωποι να έχουν φαγητό, νερό, στέγη. Ένα κράτος θα πρέπει να εξασφαλίζει πρώτα τα βασικά αυτά αγαθά σε όλους τους πολίτες του και μετά, ανάλογα με την εργασία και τις ικανότητες καθενός, να μπορεί να έχει και άλλα αγαθά.

Αυτά τα τρία βασικά αγαθά τα δίνει ο Θεός στους ανθρώπους και θέλει όλοι οι άνθρωποι να έχουν ένα σπίτι για να ζήσουν αυτοί και η οικογένειά τους και αρκετό φαγητό και νερό.

Δε θέλει οι άνθρωποι να αναγκάζονται να δουλεύουν σαν σκλάβοι, θέλει η εργασία να είναι πηγή χαράς για τους ανθρώπους. Πηγή χαράς γιατί προσφέρει στους συνανθρώπους του, πηγή χαράς γιατί προσφέρει στο κοινωνικό σύνολο.

Δεν υπάρχει εργασία που να μην προσφέρει στο κοινωνικό σύνολο, δεν υπάρχει εργασία που να μην μπορεί να γίνει πηγή χαράς γι' αυτόν που την κάνει, αρκεί να μη γίνεται με καταπίεση. Όταν σε έναν άνθρωπο του επιβάλουν την εργασία, τότε αυτός επαναστατεί και δε θέλει να δουλέψει. Ο κάθε άνθρωπος πρέπει να αγαπάει την εργασία του.

Ο κάθε άνθρωπος έχει την ανάγκη να εργαστεί, να δημιουργήσει, να προσφέρει στο κοινωνικό σύνολο, δεν είναι ανάγκη να του το επιβάλουν. Μέσα από την εργασία μας και την προσφορά στο κοινωνικό σύνολο μπορούμε να νιώσουμε πληρότητα, ικανοποίηση και χαρά.

Δεν υπάρχουν δουλειές που προσφέρουν στο κοινωνικό σύνολο και άλλες που δεν προσφέρουν. Όλες οι δουλειές προσφέρουν στο κοινωνικό σύνολο και όλες είναι απαραίτητες.

Εάν οι άνθρωποι σταματήσουν να κάνουν αδικίες και να καταπιέζουν άλλους ανθρώπους, τότε θα σταματήσει να κάνει πλημμύρες, σεισμούς, ανεμοστρόβιλους, ξηρασίες. Όλοι οι κάμποι θα γίνουν εύφοροι και θα υπάρχει αρκετό φαγητό και νερό για όλους. Οι διάφορες επιδημίες θα σταματήσουν, το ίδιο και οι ασθένειες. Οι άνθρωποι θα ζουν ως τα βαθιά γεράματα χωρίς να υποφέρουν από ασθένειες.

Πολλές φορές οι διάφορες ασθένειες είναι από τον Σατανά. Σχεδόν όλες οι ψυχικές ασθένειες είναι από τον Σατανά. Ο Σατανάς μόλις βρει ευκαιρία κάνει κακό στις ψυχές και στα σώματα των ανθρώπων. Γι' αυτό είναι σημαντικό τα παιδιά να βαπτίζονται όσο πιο γρήγορα γίνεται μετά τη γέννησή τους για να έχουν προστασία από τον Σατανά.

Όταν ένα παιδί βαπτιστεί ο Σατανάς δεν μπορεί να του βάλει ένα δαιμόνιο μέσα στο σώμα του, τουλάχιστον μέχρι να γίνει δεκαοκτώ ετών. Μετά από αυτή την ηλικία εξαρτάται και από το ίδιο αν ο Σατανάς θα μπορέσει να του βάλει ένα δαιμόνιο μέσα στο σώμα του.

Ένα παιδί που δε βαπτίζεται αμέσως μόλις γεννηθεί υπάρχει ο κίνδυνος ένα δαιμόνιο, δηλαδή ένας μάγος που έχει πεθάνει, να μπει στο σώμα του παιδιού και να ζει μαζί του μέχρι να το οδηγήσει στην τρέλα ή στον θάνατο.

Ο Σατανάς θέλει να κάνει κακό στις ψυχές και στα σώματα των ανθρώπων γιατί έτσι αποκτάει πιο πολλή δύναμη. Ο Σατανάς τρέφεται από την αδικία, το μίσος, την πλεονεξία και την ανάγκη του να κυριαρχήσει στους πάντες και στα πάντα.

Ο Σατανάς δεν αγαπάει τη δικαιοσύνη, δε σέβεται τους ανθρώπους, θέλει να τους εξουσιάζει και να τους κάνει ό,τι θέλει. Ο Θεός θα πολεμήσει τον Σατανά με κάθε μέσο, δε θα τον αφήσει να κυριαρχήσει πάνω στη γη, ούτε θα τον αφήσει να κάνει κακό στις ψυχές και τα σώματα των ανθρώπων.

Ο Θεός θέλει να νικήσει τον Σατανά το ίδιο θέλει και η εκκλησία. Ο Θεός χρειάζεται τη βοήθεια της εκκλησίας για να μπορέσει να νικήσει τον Σατανά, όπως και τη βοήθεια των ανθρώπων σε όλο τον κόσμο.

Προστασία από τα δαιμόνια

Κάθε άνθρωπος που έχει ένα δαιμόνιο μέσα στο σώμα του, εάν λέει το Πάτερ ημών με κανονική φωνή, δεκατέσσερις φορές για έξι συνεχόμενες Παρασκευές, τότε το δαιμόνιο θα φύγει από μέσα του.

Αυτή η προσευχή μπορεί να λέγεται και από ανθρώπους που δεν έχουν ένα δαιμόνιο αλλά θέλουν να έχουν προστασία απέναντι στα δαιμόνια. Όταν λέμε αυτή την προσευχή πρέπει να είμαστε όρθιοι και απέναντί μας να έχουμε την εικόνα του Άγιου Ιωσήφ και του Χριστού.

Αν ένα παιδί δεν έχει βαπτιστεί αμέσως μετά τη γέννησή του και οι γονείς του ανησυχούν μήπως το παιδί έχει κάποιο δαιμόνιο, (οι γονείς πρέπει να ανησυχούν μόνο αν η συμπεριφορά του παιδιού είναι πολύ παράξενη), μπορούν να λένε και οι δύο γονείς μαζί το Πάτερ ημών, δεκατέσσερις φορές για έξι συνεχόμενες Παρασκευές, με τον ίδιο τρόπο που ο Θεός περιγράφει παραπάνω. Όταν το δαιμόνιο φύγει από το σώμα του παιδιού η συμπεριφορά του θα αλλάξει προς το καλύτερο.

Οι γονείς δεν πρέπει να φοβούνται, πρέπει να συμπεριφέρονται στα παιδιά τους με αγάπη και σε καμία περίπτωση δεν πρέπει να τα χτυπούν. Αν ένα παιδί έχει ένα σοβαρό πρόβλημα οι γονείς πρέπει να συμβουλεύονται τον γιατρό τους ή κάποιον ειδικό και παράλληλα να λένε και αυτή την προσευχή. Αν το πρόβλημα του παιδιού οφείλεται σε δαιμόνιο, λέγοντας αυτή την προσευχή για έξι συνεχόμενες Παρασκευές το δαιμόνιο θα φύγει από το παιδί και η συμπεριφορά του θα βελτιωθεί.

Είναι καλό το παιδί να είναι στο ίδιο σπίτι όταν οι γονείς θα λένε αυτή την προσευχή. Εάν αυτό δεν είναι δυνατόν, οι γονείς μπορούν να κρατούν μία φωτογραφία του παιδιού στα χέρια τους. Αν το παιδί έχει ένα γονέα ένα άλλο άτομο που αγαπάει το παιδί μπορεί να αντικαταστήσει τον γονέα που λείπει. Αν ένα παιδί είναι ορφανό δύο άτομα που φροντίζουν και αγαπούν το παιδί μπορούν να λένε την ίδια προσευχή.

Δύο μεγάλες εφευρέσεις

Ο Θεός θα δώσει δύο μεγάλες εφευρέσεις στους ανθρώπους. Η πρώτη εφεύρεση είναι μία συσκευή που θα παρέχει δωρεάν ηλεκτρική ενέργεια για όλες τις ανάγκες του σπιτιού. Αυτή η εφεύρεση δουλεύει με τη δύναμη της βαρύτητας και δεν κοστίζει πολλά χρήματα για να κατασκευαστεί. Οι διαστάσεις της είναι περίπου 1x1 μέτρο. Ο Θεός θα φτιάξει αυτή την εφεύρεση σύντομα.

Αυτή η εφεύρεση, εάν φτιαχτεί σε μεγαλύτερες διαστάσεις, μπορεί να δώσει ακόμα μεγαλύτερη ενέργεια για να καλύψει τις ανάγκες σε ηλεκτρική ενέργεια μιας γειτονιάς ή μιας πόλης. Εάν φτιαχτεί σε μικρότερες διαστάσεις μπορεί να προσαρμοστεί στο εσωτερικό ενός αυτοκινήτου και να δίνει αρκετή ενέργεια για την κίνησή του. Αυτή η συσκευή θα δίνει δωρεάν ηλεκτρική ενέργεια μέρα και νύχτα.

Κανένας άνθρωπος δε θα μπορούσε ποτέ να φτιάξει αυτή τη συσκευή. Οι διαστάσεις της είναι ίδιες με αυτές του σύμπαντος. Το σύμπαν είναι φτιαγμένο στις ίδιες διαστάσεις για να νικάει τη δύναμη της βαρύτητας. Αυτή η συσκευή είναι μία μικρογραφία του σύμπαντος.

Η δεύτερη εφεύρεση που θέλει ο Θεός να δώσει στους ανθρώπους είναι ένα κέλυφος με το οποίο θα έχουν τη δυνατότητα να πετάνε και να πηγαίνουν από το ένα μέρος στο άλλο με τη δύναμη της μαγνητικής έλξης, χωρίς τη χρήση οποιουδήποτε είδους καυσίμου. Αυτή η εφεύρεση είναι οι γνωστοί ιπτάμενοι δίσκοι ή UFO που όλοι έχουμε ακούσει ή έχουμε δει σε φωτογραφίες.

Ο Θεός έχει ήδη βοηθήσει τους ανθρώπους στους δύο άλλους πλανήτες που υπάρχουν στο σύμπαν να έχουν αυτή την εφεύρεση και τώρα θέλει να τη δώσει και στους ανθρώπους στη γη.

Αυτή η κατασκευή δεν είναι δύσκολο να φτιαχτεί ούτε απαιτούνται πολλά χρήματα, αλλά πρέπει να τη φτιάξουν ειδικοί επιστήμονες για να τη φτιάξουν σωστά. Αυτή η εφεύρεση μπορεί να γίνει πραγματικότητα για τη γη μέσα σε λίγα χρόνια.

Ο Θεός θέλει να γράψει τους νόμους που θα ισχύουν για αυτή την εφεύρεση για να ξέρουν οι άνθρωποι τι θα πρέπει να κάνουν αν θέλουν να τη χρησιμοποιήσουν στο μέλλον.

Για να μπορεί αυτό το κέλυφος να πετάξει θα πρέπει να έχει την ευλογία του Θεού. Ο Θεός θα ευλογεί μόνο τις συσκευές που ανήκουν σε ανθρώπους που δεν καταπιέζουν, δεν αδικούν και δεν κάνουν μαγείες σε άλλους ανθρώπους.

Αυτή η κατασκευή δε θα μπορεί να συγκρουστεί με μία άλλη κατασκευή ή ένα άλλο αντικείμενο που θα είναι στον αέρα ή στο έδαφος. Οι άνθρωποι για να χρησιμοποιήσουν αυτή την κατασκευή δε θα χρειάζονται καμία τεχνική γνώση για να μπορούν να πετάξουν με αυτό τον τρόπο.

Το μόνο που θα χρειάζεται να κάνουν είναι να κάθονται μέσα σε αυτή και να προσεύχονται νοερά στο Θεό για μερικά δευτερόλεπτα και να ζητούν με ταπεινότητα και σεβασμό να τους μεταφέρει στο σημείο που θέλουν να πάνε.

Η κάθε κατασκευή θα ανήκει σε ένα άτομο και δε θα μπορεί να τη δανείσει αλλά ούτε και να μεταφέρει με αυτή άτομα που δεν ανήκουν στην οικογένειά του. Όποιος δανείσει αυτή τη συσκευή σε άλλο άτομο θα έχει την τιμωρία του Θεού και αυτή η συσκευή δε θα λειτουργεί για το άτομο που τη δανείστηκε. Αν κάποιος προσπαθήσει να κλέψει ή να δανειστεί κρυφά αυτή τη συσκευή θα έχει την τιμωρία του Θεού και αυτή η συσκευή δε θα λειτουργεί.

Αν κάποιος χρησιμοποιεί αυτή τη συσκευή και ξαφνικά μία ημέρα δεν ξεκινάει να τον πάει εκεί που θέλει αυτό θα σημαίνει ότι έχει κάνει κάποια σοβαρή αμαρτία και πρέπει να μετανοήσει, εξομολογηθεί σε έναν ιερέα και φυσικά να μην επαναλάβει την αμαρτία που έκανε για να του επιτρέψει ο Θεός να πετάξει ξανά με αυτό τον τρόπο. Αυτή η συσκευή δε θα μπορεί να χρησιμοποιηθεί από άτομα κάτω των δεκαπέντε ετών παρά μόνο μαζί με τους γονείς τους.

Αυτή η εφεύρεση δε θα μπορεί να χρησιμοποιηθεί για τίποτε άλλο εκτός από το να ταξιδεύουμε με ασφάλεια στον αέρα. Όποιος προσπαθήσει να χρησιμοποιήσει αυτή την εφεύρεση για να κάνει κακό, να καταπιέσει ή να ελέγξει άλλους ανθρώπους θα έχει την τιμωρία του Θεού και θα σταματήσει να λειτουργεί για αυτό το άτομο. Ποτέ αυτή η εφεύρεση δεν πρέπει να χρησιμοποιηθεί για στρατιωτικούς σκοπούς.

Ο Θεός θα δώσει στους ανθρώπους όλη τη γνώση για το τι υπάρχει στους άλλους πλανήτες και κόσμους. Θα τους δώσει επίσης τη δυνατότητα να τους επισκεφτούν στο μέλλον εάν θέλουν με αυτή την εφεύρεση. Αυτή τη δυνατότητα να επισκεφτούν άλλους πλανήτες και κόσμους με αυτή την κατασκευή θα δοθεί στους ανθρώπους μόνο όταν θα έχει έρθει ο παράδεισος στη γη, που σημαίνει ότι οι άνθρωποι θα έχουν αποκτήσει δικαιοσύνη, αγάπη και ισορροπία.

Ο Θεός μάς έχει δώσει έναν πλανήτη που μπορεί να μας προσφέρει τα πάντα. Η γη μπορεί να γίνει ο παράδεισος μας χωρίς πολέμους, αδικίες, καταπίεση. Οι άνθρωποι δεν πρέπει να ανησυχούν μήπως ο πληθυσμός της γης αυξηθεί υπερβολικά ή μήπως δε θα υπάρχει αρκετό φαγητό για όλους. Εάν οι άνθρωποι σταματήσουν να κάνουν μαγείες να καταπιέζουν και να αδικούν άλλους ανθρώπους, τότε ο Θεός θα δώσει αρκετό φαγητό και νερό σε όλους τους ανθρώπους.

Είναι η δουλειά του να ρυθμίζει πόσοι άνθρωποι θα γεννηθούν πάνω στη γη και όχι των διαφόρων κυβερνήσεων. Οι κυβερνήσεις πρέπει να είναι εκλεγμένες από τον λαό και να τον υπηρετούν, όχι να τον καταπιέζουν, να αδικούν και να προσπαθούν να ελέγξουν την προσωπική του ζωή. Ο Θεός θέλει όλοι οι άνθρωποι να είναι ελεύθεροι να κάνουν ό,τι θέλουν αρκεί να μην περιορίζουν την ελευθερία των άλλων ανθρώπων.

Εάν μία κυβέρνηση δε σέβεται τους πολίτες της, ο Θεός δε θα βοηθάει αυτή την κυβέρνηση και όλους όσους είναι υπεύθυνοι. Η ευθύνη μιας κυβέρνησης είναι πολύ μεγάλη απέναντι στους ανθρώπους που την έχουν εκλέξει αλλά και απέναντι στον Θεό που βλέπει και γνωρίζει τα πάντα.

Ο Θεός έχει φτιάξει τον άνθρωπο, ξέρει και την παραμικρή λεπτομέρεια για το ανθρώπινο σώμα. Ξέρει από πού προέρχονται όλες οι ασθένειες και θα δώσει αυτή τη γνώση σε ένα άλλο βιβλίο.

Από την αρχή της δημιουργίας του κόσμου ενσαρκώνεται σε διάφορους θεραπευτές για να βοηθάει τους ανθρώπους και με άμεσο τρόπο, πάντα με φυσικές μεθόδους. Έτσι έχει αποκτήσει τεράστια εμπειρία και γνώση για το πώς μπορούν να θεραπευτούν οι διάφορες ασθένειες με φυσικό τρόπο. Αλλά και από ποιο βασικό όργανο του σώματος προέρχεται η κάθε ασθένεια.

Οι τρεις νόμοι του Θεού που αν εφαρμόσουμε η γη μπορεί να σωθεί

Η δικαιοσύνη, η αγάπη και η ισορροπία είναι οι τρεις νόμοι του Θεού. Οι νόμοι αυτοί ισχύουν για τον κάθε άνθρωπο μεμονωμένα, ισχύουν για τις διάφορες ομάδες αλλά και για όλες τις χώρες. Οι ίδιοι νόμοι ισχύουν επίσης για όλο το σύμπαν.

Η δικαιοσύνη είναι ο πρώτος και πιο σημαντικός νόμος του Θεού. Ο Θεός αγαπάει αυτό τον νόμο και πάνω σ' αυτό τον νόμο στηρίζονται και οι άλλοι δύο νόμοι. Αν δεν έχουμε δικαιοσύνη δεν μπορούμε να έχουμε ούτε αγάπη ούτε ισορροπία στη ζωή μας.

Η δικαιοσύνη του Θεού είναι να μην κάνουμε στους άλλους ανθρώπους αυτό που δε θα θέλαμε οι άλλοι να κάνουν σε εμάς και η τιμωρία μας αν κάνουμε κάτι κακό σε κάποιον θα είναι ανάλογη με το κακό που έχουμε κάνει.

Η αγάπη, ο δεύτερος πιο σημαντικός νόμος του Θεού πρέπει να είναι ο οδηγός μας σε κάθε εργασία που έχουμε να κάνουμε. *Αγάπη είναι να φερόμαστε στους άλλους ανθρώπους όπως θα θέλαμε οι άλλοι άνθρωποι να φέρονται σε εμάς.* Το μίσος είναι από τον Σατανά, ο Θεός μπορεί να θυμώσει αλλά δε μισεί τους ανθρώπους ακόμη και τους πιο κακούς, ακόμα και τον Σατανά, γι' αυτό και είναι έτοιμος να συγχωρέσει αυτούς που μετανοούν ειλικρινά. Όταν έχουμε αγάπη μας βοηθάει, διαφορετικά δεν μπορεί να μας βοηθήσει.

Η ισορροπία είναι ο τρίτος πιο σημαντικός νόμος, όλο το σύμπαν στηρίζεται στην ισορροπία. Η κάθε εργασία που έχουμε να κάνουμε πρέπει να την κάνουμε με ισορροπία. *Ισορροπία έχουμε μόνο εάν εφαρμόζουμε τους δύο πρώτους νόμους. Εάν δεν εφαρμόζουμε και τους δύο πρώτους νόμους, τότε δεν μπορούμε να έχουμε ισορροπία.*

Η ισορροπία είναι του Θεού. Έχει φτιάξει όλο το σύμπαν με ισορροπία. Οι πλανήτες, και όλο το σύμπαν υπακούν τους νόμους του. Θέλει και οι άνθρωποι στη γη να αποκτήσουν ισορροπία, τότε θα έχει έρθει και ο παράδεισος στη γη.

Ο Θεός θέλει τα παιδιά να είναι ευτυχισμένα

Ο Θεός λέει ότι τα παιδιά έχουν δικαίωμα να είναι ευτυχισμένα. Για να είναι ένα παιδί ευτυχισμένο πρέπει να αισθάνεται ότι οι γονείς του και οι δάσκαλοι το αγαπούν. Πρέπει να αισθάνεται ασφάλεια, πρέπει να αισθάνεται μοναδικό, πρέπει να αισθάνεται ότι δεν το καταπιέζουν.

Όταν όλα αυτά υπάρχουν, τότε ένα παιδί μπορεί να αισθάνεται ευτυχισμένο. Τα παιδιά έχουν έρθει στον κόσμο για να χαρούν και να έχουν την ευκαιρία να ζήσουν μία καινούρια ζωή. Δεν πρέπει να τα καταπιέζουμε, όπως συμβαίνει σε κάποιες χώρες, και να απαιτούμε από αυτά να δουλεύουν περισσότερες ώρες από τους ενηλίκους.

Ενώ για τους ενηλίκους έχουμε θεσπίσει το οκτάωρο, για τα παιδιά δεν υπάρχει κάτι ανάλογο με αποτέλεσμα, εάν προσθέσουμε τις ώρες που δουλεύουν στο σχολείο και τις ώρες που δουλεύουν στο σπίτι, να είναι πιο πολλές οι ώρες που πρέπει να δουλέψει ένα παιδί, από τις ώρες που πρέπει να δουλέψει ένας ενήλικας.

Η συνολική ώρα εργασίας που πρέπει να δουλεύει ένα παιδί δεν πρέπει να υπερβαίνει συνολικά τις εφτά ώρες την ημέρα. Αυτός ο χρόνος εργασίας είναι λογικός για ένα παιδί μέχρι την ηλικία των δεκαπέντε ετών. Μετά από αυτή την ηλικία τα παιδιά μπορούν να δουλεύουν λίγο περισσότερο. Επίσης, οι ενήλικοι δουλεύουν πέντε ημέρες την εβδομάδα και το Σαββατοκύριακο τους είναι ελεύθερο ενώ για τα παιδιά απαιτούμε να μελετούν και το Σαββατοκύριακο δίνοντάς τους δουλειά για το σπίτι.

Τα παιδιά πρέπει να έχουν ελεύθερο χρόνο για να παίζουν παιχνίδια που τους επιτρέπουν την κίνηση. Ένα παιδί που δεν έχει αρκετό ελεύθερο χρόνο για να παίξει παιχνίδια που θα περιλαμβάνουν κίνηση μαζί με άλλα παιδιά έχει περισσότερες πιθανότητες να αρρωστήσει από διαβήτη, παχυσαρκία, κατάθλιψη.

Επίσης, όταν φορτώνουμε τα παιδιά με πολλές ώρες δουλειάς στο σχολείο και στο σπίτι, αυτό τους προκαλεί άγχος που επιβαρύνει την ψυχική και σωματική τους υγεία. Υπάρχουν χώρες που δεν αναγκάζουν τα παιδιά να δουλεύουν πολλές ώρες και αυτό είναι καλό. Θέλει σταδιακά όλες οι χώρες να πάνε προς αυτή την κατεύθυνση.

Ο μητρικός θηλασμός είναι ένα δώρο από τον Θεό και όλα τα παιδιά πρέπει να θηλάζουν μέχρι και την ηλικία των έξι μηνών. Μετά από αυτή την ηλικία ο θηλασμός πρέπει να σταματάει γιατί δεν ωφελεί ούτε το παιδί ούτε τη μητέρα.

Οι γονείς δεν πρέπει να πιέζουν τα παιδιά για να φάνε. Αν ένα παιδί δεν έχει όρεξη για να φάει τότε έχει κάποιο πρόβλημα με την υγεία του.

Η ομοφυλοφιλία στα μάτια του Θεού δεν είναι αμαρτία. Οφείλεται σε ορμονική διαταραχή. Τα άτομα που έχουν αυτό το πρόβλημα δεν πρέπει να προκαλούν με τη συμπεριφορά τους αλλά και οι άλλοι άνθρωποι δεν πρέπει να τους αντιμετωπίζουν σαν να έχουν κάνει κάτι κακό.

Ο Θεός δεν μπορεί να ευλογήσει ένα γάμο μεταξύ δύο ανθρώπων του ίδιου φύλου αλλά ούτε το θεωρεί αμαρτία αν δύο άτομα του ίδιου φύλου ζουν μαζί στο ίδιο σπίτι. Όταν ο παράδεισος θα έρθει στη γη και αυτό το πρόβλημα σταδιακά θα εξαφανιστεί.

Η γέννηση των παιδιών πρέπει να γίνεται με φυσιολογικό τρόπο και χωρίς φάρμακα. Η φύση, δηλαδή ο Θεός έχει προβλέψει να γίνονται όλα φυσιολογικά και χωρίς την παρέμβαση των γιατρών. Μόνο σε περιπτώσεις σοβαρών επιπλοκών σε μία γέννα πρέπει να παρεμβαίνει ο γιατρός.

Ο Θεός δε θα βοηθάει τους γιατρούς που χορηγούν φάρμακα χωρίς σοβαρό λόγο ή κάνουν καισαρικές τομές για την ευκολία τους ή το κέρδος. Η στάση της γυναίκας που γεννάει δεν πρέπει να εμποδίζει τον φυσιολογικό τοκετό. Η στάση της γυναίκας πρέπει να είναι όρθια ή καθιστή σε καρέκλα ανάλογα με το τι βολεύει την ίδια, και τα πόδια της πρέπει να ακουμπούν στο πάτωμα. Αν μία μητέρα είναι ξαπλωμένη, αυτό την εμποδίζει να έχει μία φυσιολογική γέννα.

Τελειώνοντας αυτό το δεύτερο βιβλίο, θέλει να γράψει κάτι για το άτομο που γράφει αυτό το βιβλίο αλλά και για τον δάσκαλό του άγιο Ιωσήφ Μπακ Φονγκ. Η Δεύτερη Παρουσία του Θεού δε θα μπορούσε να έχει έρθει, ούτε και ο παράδεισος στη γη θα μπορούσε να γίνει πραγματικότητα αν δεν ήταν αυτά τα δύο άτομα. Γι' αυτό ο Θεός τους αγαπάει και θα τους προστατέψει με κάθε τρόπο.

Ο Θεός Αγαπάει και Θυμώνει

Ο Θεός αγαπάει τους ανθρώπους, γιατί τους έχει φτιάξει κατ' εικόνα και ομοίωση του. Θέλει να είναι ευτυχισμένοι. Αγαπάει επίσης τα ζώα και τα φυτά.

Ο Θεός έχει συναισθήματα όπως οι άνθρωποι. Μπορεί να αισθανθεί θυμό, αγάπη, λύπη, χαρά και όλα τα συναισθήματα που μπορούν να αισθανθούν οι άνθρωποι. Η καρδιά του είναι σαν του μικρού παιδιού.

Θυμώνει όμως όταν βλέπει ανθρώπους με ύπουλο τρόπο να κάνουν μαγείες σε άλλους ανθρώπους, θυμώνει όταν βλέπει ανθρώπους να κάνουν κατάχρηση της θέσεως τους για να καταπιέσουν ή να αδικήσουν άλλους ανθρώπους.

Θυμώνει όταν βλέπει ηγέτες να καταπιέζουν τον λαό τους, όταν βλέπει μικρά παιδιά να αναγκάζονται να δουλεύουν σαν σκλάβοι στο σχολείο και στο σπίτι. Επίσης, θυμώνει όταν βλέπει γυναίκες να τους χορηγούνται φάρμακα χωρίς λόγο για να γεννήσουν ή τους κάνουν καισαρική τομή για ευκολία των γιατρών ή για το κέρδος.

Θυμώνει όταν βλέπει ανθρώπους να βασανίζονται, να α-δικούνται και να μη σέβονται τη θεϊκή τους φύση, θυμώνει όταν βλέπει μεγάλα τροπικά δάση να καταστρέφονται από τους ανθρώπους για το κέρδος ή δήθεν για βιοποριστικούς λόγους των ανθρώπων που ζουν στην περιοχή. Θυμώνει όταν βλέπει ζώα να βασανίζονται για διασκέδαση ή για το εύκολο κέρδος.

Επίσης, θυμώνει όταν βλέπει ανθρώπους να βασανίζουν άλλους ανθρώπους, όταν βλέπει να βιάζουν μικρά παιδιά, άνδρες ή γυναίκες, όταν βλέπει ανθρώπους να τους συμπεριφέρονται σαν να είναι δούλοι. Θυμώνει όταν βλέπει γυναίκες ή μικρά παιδιά να γίνονται θύματα σεξουαλικής εκμετάλλευσης, θυμώνει όταν βλέπει να ακρωτηριάζουν τα γεννητικά όργανα νεαρών κοριτσιών.

Θυμώνει επίσης όταν βλέπει ανθρώπους από πλεονεξία να καταπιέζουν και να αδικούν άλλους ανθρώπους, όταν βλέπει ένα στρατό να εισβάλει σε μία άλλη χώρα, θυμώνει όταν βλέπει ένα λαό να υποφέρει από την εισβολή και κατοχή μιας άλλης χώρας.

Μέσα από αυτό το βιβλίο αποφάσισε να κάνει γνωστή την ενσάρκωση του στον Πέτρο όπως είχε κάνει γνωστή την ενσάρκωση του στον Χριστό. Γι' αυτό τον λόγο, προστατεύει τον Πέτρο πολύ καλά γιατί δε θέλει κανείς να τον κατηγορήσει γι' αυτά που του υπαγορεύει ο Θεός.

Ο Σατανάς και το οργανωμένο έγκλημα δε θα επικρατήσουν πάνω στη γη, ούτε η αδικία ούτε το ψέμα θα επικρατήσουν. Αποφάσισε να ενσαρκωθεί στον Πέτρο και να του υπαγορεύσει αυτό το βιβλίο γιατί θέλει να φέρει τον παράδεισο στη γη.

Όταν ο παράδεισος έρθει στη γη ο Θεός θα είναι ευτυχισμένος γιατί όλοι οι άνθρωποι σε όλη τη γη θα είναι ευτυχισμένοι. Θέλει οι άνθρωποι να πιστέψουν αυτό το βιβλίο γιατί τότε θα ξέρει ότι ο Σατανάς δε θα σκλαβώσει ποτέ τη γη.

Αν ο Σατανάς σκλάβωνε τη γη, τότε θα την κατέστρεφε. Η καταστροφή της γης μπορεί να έρθει αν οι άνθρωποι δεν πιστέψουν αυτό το βιβλίο. Ο Θεός θέλει να έρθει ο παράδεισος στη γη για να μπορούν οι άνθρωποι να χαίρονται τη ζωή, να χαίρονται τον έρωτα, να χαίρονται την ελευθερία. Όταν οι άνθρωποι χαίρονται, χαίρεται και ο Θεός.

Αν αυτό ήταν δυνατό, ο Θεός θα προτιμούσε να μην τιμωρεί κανέναν, ούτε σ' αυτή ούτε στην άλλη ζωή αλλά μερικές φορές δεν μπορεί να το αποφύγει αυτό. Η τιμωρία κάποιων ανθρώπων μπορεί να τους βοηθήσει να αλλάξουν τη συμπεριφορά τους και να γλιτώσουν την πιο βαριά τιμωρία που είναι η κόλαση.

Θέλει να βοηθήσει τους ανθρώπους να σωθούν από την κόλαση, θέλει να τους βοηθήσει να ζήσουν τον παράδεισο πάνω στη γη, γι' αυτό αποφάσισε να κάνει τη Δευτέρα Παρουσία του. Ο Θεός αγαπάει τη γη, το ίδιο και τον άνθρωπο, γι' αυτό και δε θα αφήσει ποτέ τον Σατανά να σκλαβώσει τις ψυχές και τα άυλα σώματα των ανθρώπων.

Κανένας πατέρας δε θα άφηνε το παιδί του σκλαβωμένο, ούτε θα το άφηνε να υποφέρει από μαγείες. Κανένας πατέρας δε θα άφηνε τα παιδιά του να υποφέρουν από δικτατορίες, κανένας πατέρας δε θα έδινε υποσχέσεις που δε θα μπορούσε να πραγματοποιήσει. Ο Θεός είναι ο Πατέρας όλων των ανθρώπων. Δε θα έδινε όλες αυτές τις υποσχέσεις που δίνει σε αυτό το βιβλίο αν δεν μπορούσε να τις πραγματοποιήσει.

Δε θέλει να αφήσει τον Σατανά να κάνει τη ζωή πάνω στη γη μία κόλαση, δε θέλει να αφήσει τον Σατανά να εξουσιάζει τους ανθρώπους και να τους κάνει ό,τι θέλει. Ούτε θέλει να αφήσει τον Σατανά να σκλαβώνει στην κυριολεξία τις ψυχές αλλά και τα σώματα των ανθρώπων που πεθαίνουν για να έχει αυτός περισσότερη δύναμη. Ο Σατανάς μπορεί να το πετύχει αυτό με μαγείες που κάνει στους ανθρώπους όσο ζουν αλλά και αμέσως μετά τον θάνατό τους.

Οι μαγείες είναι ο χειρότερος τρόπος αδικίας και καταπίεσης. Οι μαγείες είναι ένας τρόπος αδικίας και καταπίεσης των ανθρώπων χωρίς οι ίδιοι να το ξέρουν ότι τους αδικούν και τους καταπιέζουν. Γι' αυτό τον λόγο θυμώνει όταν βλέπει να αδικούν και να καταπιέζουν άλλους ανθρώπους με μαγείες. Δε θέλει οι άνθρωποι να κάνουν μαγείες γιατί είναι σαν να τις κάνουν στον ίδιο.

Θέλει όλοι οι άνθρωποι να ζουν αρμονικά μεταξύ τους χωρίς να σκοτώνουν, να βιάζουν, να αδικούν, να καταπιέζουν και να κάνουν μαγείες. Θέλει όλοι οι άνθρωποι να αισθάνονται αδέλφια μεταξύ τους γιατί έτσι είναι. Ο Θεός δεν μπορεί να ανεχτεί η γη να γίνει μια φυλακή, ούτε μπορεί να ανεχτεί να γίνει η γη βασίλειο του οργανωμένου εγκλήματος.

Θέλει ισορροπία, δεν μπορεί να δεχτεί το μίσος, την ψευτιά και την ανισορροπία. Θέλει δικαιοσύνη, δεν μπορεί να δεχτεί την αδικία και την καταπίεση. Επίσης, θέλει να έχει ευτυχία, εάν ένας άνθρωπος καταπιέζεται και αδικείται δεν μπορεί να έχει ευτυχία ούτε και ο Θεός.

Θέλει όλοι οι άνθρωποι σε όλη τη γη να πιστέψουν αυτό το βιβλίο και να το αγαπήσουν γι' αυτό προσέχει πάρα πολύ κάθε πρόταση που γράφει. Ο Πέτρος δε θα μπορούσε να γράψει μόνος του αυτό το βιβλίο, γιατί σε αυτό το βιβλίο είναι η σοφία και η γνώση του Θεού.

Ο Θεός δοκίμασε τον Πέτρο πριν αποφασίσει να του υπαγορεύσει αυτό το βιβλίο. Ο Πέτρος πέρασε από πολλές δοκιμασίες πριν αποφασίσει να τον εμπιστευτεί. Ούτε μια λέξη σε αυτό το βιβλίο δεν είναι από τον Πέτρο. Για όσα γράφει ο Θεός, είναι υπεύθυνος μόνο ο ίδιος.

Αν ο Πέτρος έγραφε έστω και μια λέξη χωρίς την υπαγόρευσή του, θα σταμάταγε αμέσως να του υπαγορεύει και θα τον τιμωρούσε. Ο Πέτρος έχει υποσχεθεί στον Θεό να γράφει μόνο ό,τι του υπαγορεύει ο Θεός.

Όλοι οι άνθρωποι έχουν τον ίδιο πατέρα, δηλαδή τον Θεό. Ο Θεός έχει τα παιδιά του που τα αγαπάει όλα το ίδιο. Αν ο Πατέρας είναι θυμωμένος με ένα από τα παιδιά του αυτό δε σημαίνει ότι δεν το αγαπάει. Θέλει να βοηθήσει το παιδί του να επανέλθει στον σωστό δρόμο γι' αυτό και το τιμωρεί.

Η τιμωρία του είναι διαφορετική από την τιμωρία των ανθρώπων γιατί γίνεται με δικαιοσύνη, αγάπη και ισορροπία. Η δικαιοσύνη υπάρχει γιατί η τιμωρία του είναι ανάλογη με το κακό που έχουμε κάνει. Η αγάπη υπάρχει γιατί είναι έτοιμος να συγχωρήσει ένα άτομο που μετανοεί ειλικρινά. Μετανοώ ειλικρινά σημαίνει ότι συνειδητοποιώ το κακό που έχω κάνει, αισθάνομαι ενοχές γι' αυτό, το εξομολογούμαι σ' έναν Ιερέα και φυσικά δεν επαναλαμβάνω την ίδια αμαρτία. Η ισορροπία υπάρχει γιατί υπάρχουν η δικαιοσύνη και η αγάπη.

Ο Θεός δε θέλει οι άνθρωποι να έχουν την ιδέα ότι εάν κάνουν κάτι κακό θα τους τιμωρήσει. Θέλει να έχουν την ιδέα ότι εάν κάνουν κάτι κακό θα αυτοτιμωρηθούν. Δε θέλει οι άνθρωποι να καταναλώνουν την ενέργειά τους λέγοντας ψέματα, αδικώντας ή καταπιέζοντας άλλους ανθρώπους.

Όταν ένας άνθρωπος πεθαίνει, η ψυχή του αλλά και το σώμα του φεύγουν από το φυσικό σώμα του ανθρώπου που έχει πεθάνει. Το σώμα που φεύγει μαζί με την ψυχή δεν μπορούμε να το δούμε γιατί είναι άυλο αλλά είναι το κανονικό σώμα του ανθρώπου με όλες τις αισθήσεις και συναισθήματα.

Μετά την κρίση του Θεού, το άτομο που έχει πεθάνει πάει στον παράδεισο, στο καθαρτήριο ή στην κόλαση. Το καθαρτήριο είναι η ευκαιρία που δίνει για να συνειδητο-ποιήσουμε και να μετανοήσουμε για τις αμαρτίες μας. Στο καθαρτήριο μένουμε πέντε έως δέκα χρόνια και μετά πάμε στον παράδεισο, δηλαδή επιστρέφουμε στη γη. Όταν επιστρέψουμε στη γη μένουμε για δέκα με δεκαπέντε χρόνια κοντά στο Θεό πριν να γεννηθούμε ξανά.

Όταν ένα παιδί γεννηθεί στη γη, πρέπει οι γονείς του, οι δάσκαλοι, οι άλλοι άνθρωποι να μην το αντιμετωπίζουν σαν ένα άτομο που δεν ξέρει τίποτα. Τα παιδιά ξέρουν και καταλαβαίνουν πιο πολλά από ό,τι νομίζουμε. Κάθε παιδί έχει ζήσει πολλές ζωές και έχει μαζέψει πολλές εμπειρίες που το βοηθούν να ξέρει και να κατανοεί. Οι δάσκαλοι δεν πρέπει να αντιμετωπίζουν τα παιδιά σαν να μην ξέρουν τίποτα, πρέπει να τα βοηθούν να αναπτύξουν τη δημιουργικότητά τους, την αυτοπεποίθησή τους και την ανάγκη τους να ξέρουν.

Η ανάγκη του κάθε παιδιού για να μάθει είναι από τη φύση του, δηλαδή από τον Θεό. Εάν εκμεταλλευόμαστε αυτή την ανάγκη των παιδιών και απαιτούμε από αυτά να διαβάζουν υπερβολικές ώρες στο σχολείο και στο σπίτι, τότε η φυσική ανάγκη τους για να μάθουν γίνεται καταναγκασμός. Η ανάγκη τους για να δημιουργήσουν και η αυτοπεποίθησή τους μειώνονται στο ελάχιστο.

Οι γονείς και οι δάσκαλοι με το παράδειγμά τους πρέπει να μαθαίνουν τα παιδιά να σέβονται το ένα το άλλο. Το κάθε παιδί πρέπει να νιώθει ότι οι γονείς του αλλά και οι δάσκαλοι το αγαπούν χωρίς να πρέπει να δουλεύει ατέλειωτες ώρες καθημερινά για να κερδίσει την αγάπη τους.

Οι γονείς δεν πρέπει να έχουν υπερβολικές απαιτήσεις από τα παιδιά τους όσον αφορά το επάγγελμα που θα ακολουθήσουν όταν μεγαλώσουν, πρέπει να αφήνουν τα παιδιά να διαλέγουν το επάγγελμα που θα ήθελαν να κάνουν. Όλα τα επαγγέλματα είναι χρήσιμα για την κοινωνία και όλα τα επαγγέλματα προσφέρουν στην κοινωνία, αρκεί να γίνεται με αγάπη από αυτόν που το κάνει.

Ο Θεός έχει γράψει ότι η γη κινδυνεύει από τον σατανά και το οργανωμένο έγκλημα και θέλει να το εξηγήσει αυτό. Το οργανωμένο έγκλημα έχει καταφέρει σε μια χώρα με τη βοήθεια του Σατανά, δηλαδή με τη βοήθεια των μάγων, να ελέγχει σχεδόν τα πάντα. Και αυτή η ίδια οργάνωση απειλεί να κάνει το ίδιο σε όλες τις χώρες του κόσμου συνεργαζόμενη με όλους τους μάγους και όλες τις μάγισσες σε κάθε χώρα. Ο Θεός θα τιμωρεί τους ανθρώπους που ανήκουν σε αυτή την οργάνωση αλλά και όσους συνεργάζονται με αυτή την οργάνωση.

Αυτή η οργάνωση είναι η πιο επικίνδυνη που έχει υπάρξει ποτέ στη γη, γιατί δε σκοτώνει με όπλα ή με βόμβες αλλά με μαγείες. Αυτό δε σημαίνει ότι δεν έχουν όπλα ή ότι ποτέ δε σκοτώνουν με όπλα αλλά το κύριο όπλο τους είναι οι μαγείες. Σε κάθε χώρα υπάρχει μία ομάδα από αυτούς τους ανθρώπους και πληρώνοντας τους διάφορους μάγους σε κάθε χώρα κάνουν μαγείες για να εκβιάσουν, να δολοφονήσουν ή να εκμεταλλευτούν όποιον άνθρωπο θέλουν.

Αν ο Θεός δεν αποφάσιζε να κάνει τη Δευτέρα Παρουσία του, μέσα σε λίγα χρόνια θα είχαν κυριαρχήσει σε όλη τη γη. Οι μάγοι και οι μάγισσες τους αγαπάνε γιατί τους δίνουν λεφτά για να κάνουν μαγείες. Το ίδιο και άλλοι άνθρωποι που δεν είναι μάγοι τους αγαπάνε και τους υποστηρίζουν γιατί παίρνουν λεφτά από αυτούς για διάφορες εξυπηρετήσεις και χάρες.

Κανένας άνθρωπος και καμία κυβέρνηση δεν μπορεί να τους σταματήσει γιατί δε φαίνεται ότι κάνουν κάτι κακό. Ο μόνος που μπορεί να τους σταματήσει είναι ο Θεός. Ο Θεός έχει αποφασίσει να το κάνει αυτό, ακόμα και αν αυτοί καταφέρουν να κάνουν κακό στο φυσικό σώμα αυτού του ανθρώπου που γράφει αυτό το βιβλίο.

Ο πλανήτης γη δεν έχει περάσει ποτέ μεγαλύτερη απειλή και ούτε θα περάσει ποτέ στο μέλλον. Γι' αυτό τον λόγο αποφάσισε να κάνει τώρα τη Δευτέρα Παρουσία του και να κάνει γνωστή την ενσάρκωση του στο άτομο που γράφει αυτό το βιβλίο με την υπαγόρευσή του.

Εάν δεν υπήρχαν αυτά τα δύο άτομα, ο δάσκαλος του ατόμου που γράφει αυτό το βιβλίο και ο μαθητής του, και δεν είχε μπορέσει να ενσαρκωθεί, τότε για να μην επικρατήσει ο Σατανάς θα έπρεπε να κάνει τόσο μεγάλες φυσικές καταστροφές που όλοι οι άνθρωποι στη γη θα πέθαιναν εκτός από μία μικρή ομάδα ανθρώπων που αυτοί θα ήταν οι εκλεκτοί του Θεού για να αρχίσουν έναν καινούριο κύκλο ζωής πάνω στη γη.

Θέλει σε αυτό το βιβλίο να γράψει τι θα συνέβαινε αν αποφάσιζε να καταστρέψει όλη τη γη. Όταν αποφασίζει ο Θεός να καταστρέψει όλη τη γη δεν κάνει απλώς μία μεγάλη πλημμύρα αλλά κάνει τόσο μεγάλες φυσικές καταστροφές που όλες οι υποδομές και ο πολιτισμός που έχουν φτιάξει οι άνθρωποι πάει στα έγκατα της γης. Η πολύ μικρή ομάδα ανθρώπων που θα επιβιώσει θα πρέπει να αρχίσει να χτίζει πάλι όλα από το μηδέν.

Μόνο ένα πολύ μικρό κομμάτι γης που έχει επιλέξει από πριν ο Θεός δεν πάει στα έγκατα της γης. Σ' αυτό το πολύ μικρό κομμάτι κατοικούν οι άνθρωποι που έχει επιλέξει για να επιζήσουν στον καινούριο κύκλο ζωής πάνω στη γη. Αυτοί οι άνθρωποι δεν είναι παραπάνω από μερικές δεκάδες, και πρέπει οπωσδήποτε να είναι καλοί και δίκαιοι και να μην κάνουν μαγείες. Για να φτάσει στο σημείο να αποφασίσει πάλι να φέρει τον παράδεισο στη γη θα πρέπει να έχουν περάσει χιλιάδες χρόνια.

Σε περίπτωση που αναγκαστεί να καταστρέψει όλο τον κόσμο οι άνθρωποι θα πρέπει να περιμένουν χιλιάδες χρόνια για να αποφασίσει ξανά να φέρει τον παράδεισο στη γη. Γιατί θέλει οι άνθρωποι να έχουν χτίσει πάλι τις αναγκαίες υποδομές και πολιτισμό και επίσης να έχουν γνωρίσει τη διαφορά μεταξύ του καλού και του κακού.

Γι' αυτό τον λόγο προσπαθεί τόσο πολύ για να φέρει τον παράδεισο στη γη τώρα, για να μην αναγκαστεί να την καταστρέψει. Ο Θεός ζητάει τη βοήθεια των ανθρώπων. Οι άνθρωποι μπορούν να τον βοηθήσουν πιστεύοντας αυτό το βιβλίο. Οι άνθρωποι έχουν τη μοναδική ευκαιρία τώρα, μέσα σε λίγα χρόνια να έχουν τον παράδεισο που τους έχει υποσχεθεί από πολύ παλιά. Ο παράδεισος που έχει υποσχεθεί θα είναι εδώ στη γη.

Εάν οι άνθρωποι αγνοήσουν αυτό το βιβλίο και επικρατήσει ο Σατανάς στη γη, τότε δε θα έχει άλλη επιλογή παρά να καταστρέψει όλη τη γη. Ο Θεός αγαπάει τους ανθρώπους δεν πρόκειται ποτέ να τους αφήσει στα χέρια του Σατανά.

Εάν καταφέρει τώρα να φέρει τον παράδεισο στη γη, τότε δε θα καταστρέψει ποτέ τη γη, θα υπάρχει ο παράδεισος για πάντα. Δε ζητάει πολλά πράγματα από τους ανθρώπους για να μπορέσει να φέρει τον παράδεισο στη γη, το μόνο που ζητάει είναι να είμαστε καλοί και δίκαιοι με τους άλλους ανθρώπους αλλά και δίκαιοι με τον Θεό.

Ο Θεός έφτιαξε τον άνθρωπο κατ' εικόνα και ομοίωση του, και του έδωσε τη δυνατότητα να δημιουργεί, δηλαδή να μπορεί να φτιάξει ύλη, από το τίποτα. Οι μάγοι και οι μάγισσες εκμεταλλεύονται αυτή τη δυνατότητα που έχει δώσει στους ανθρώπους για να κάνουν μαγείες με σκοπό να βλάψουν άλλους ανθρώπους. Ο Θεός θα στείλει όλους τους μάγους και όλες τις μάγισσες στην κόλαση γιατί κάνουν κατάχρηση αυτής της δυνατότητας που έχει δώσει στους ανθρώπους.

Ο Θεός έχει δώσει αυτή τη δυνατότητα στους ανθρώπους για να συνδημιουργούν μαζί του και όχι για να κάνουν μαγείες. Οι άνθρωποι μπορούν να συνδημιουργούν μαζί του, όταν προσεύχονται στον Θεό και ζητούν τη βοήθειά του.

Οι άνθρωποι θα μπορούν να συνδημιουργούν μαζί του όταν θα προσεύχονται για να γεμίζει με φαγητό τα τρία δοχεία με τα βασικά είδη διατροφής. Θα μπορούν να συνδημιουργούν μαζί του όταν θα προσεύχονται για να τους δώσει ένα σπίτι το οποίο θα αποτελείται μόνο από φυσικά υλικά. Θα μπορούν να συνδημιουργούν μαζί του όταν θα προσεύχονται για να τους δίνει νερό από τον ήλιο. Οι άνθρωποι θα μπορούν να συνδημιουργούν μαζί με τον Θεό, αρκεί να έχουν δικαιοσύνη, αγάπη και ισορροπία.

Η ειρήνη του Θεού

Ο Θεός θέλει ειρήνη, η ειρήνη είναι του Θεού. Αγαπάει τους ανθρώπους που θέλουν ειρήνη. Θέλει να δώσει την ειρήνη του σε όλο τον κόσμο. Ο κόσμος ζει τόσα πολλά χρόνια μέσα στον πόλεμο που έχει ξεχάσει τι είναι ειρήνη.

Ειρήνη είναι να ζεις χωρίς να πρέπει να εργάζεσαι σαν σκλάβος, ειρήνη είναι να μη θέλεις να καταπιέσεις τους άλλους ανθρώπους ούτε και να τους αδικήσεις, ειρήνη είναι να μη θέλεις να κάνεις κακό σε κανέναν, ειρήνη είναι να μη σε νοιάζει τι έχει ο διπλανός σου.

Ειρήνη είναι να μη θέλεις δόξες, ειρήνη είναι να μη θέλεις όλο και περισσότερα, ειρήνη είναι να μην ανησυχείς για το αύριο, ειρήνη είναι να έχεις ασφάλεια, ειρήνη είναι να έχεις αρκετό φαγητό και νερό και ένα σπίτι για να ζήσεις ακόμα και όταν δε δουλεύεις. Όλα αυτά θα τα δώσει ο Θεός στους ανθρώπους, γι' αυτό δεν πρέπει να έχουν άγχος και ανασφάλεια, πρέπει να έχουν ειρήνη.

Θέλει επίσης να δίνει στους ανθρώπους δόξα. Η δόξα του Θεού είναι η δικαιοσύνη, η αγάπη και η ισορροπία. Όταν ένα άτομο έχει αυτά, τότε έχει δόξα. Η δόξα μετριέται με το πόσο καλός είναι ένας άνθρωπος.

Θέλει να δίνει σεβασμό στους ανθρώπους. Όταν οι άνθρωποι θα σέβονται τον συνάνθρωπό τους, τότε θα έχουν σεβασμό.

Θέλει να δίνει αγάπη στους ανθρώπους. Όταν οι άνθρωποι θα έχουν αγάπη για τον συνάνθρωπό τους, τότε θα έχουν αγάπη. Θέλει όλοι οι άνθρωποι να έχουν χρήματα, δόξα, σεβασμό και αγάπη. Θέλει όλοι οι άνθρωποι να τα έχουν αυτά για να τα έχει και ο Θεός.

Ο Θεός δε θέλει δόξα για να δοξάζεται, αλλά για να βοηθάει τους ανθρώπους, δε θέλει σεβασμό για να τον σέβονται αλλά για να μπορεί να σέβεται και εκείνος τους ανθρώπους. Δε θέλει αγάπη για να αγαπιέται αλλά θέλει αγάπη για να μπορεί να αγαπάει τους ανθρώπους. Θέλει όλοι οι άνθρωποι να τον αγαπάνε, για να μπορεί να τους αγαπάει και εκείνος. Θέλει όλοι οι άνθρωποι να προσεύχονται στον Θεό για να μπορεί να τους βοηθάει.

Ο Παράδεισος στη γη

Όταν θα έχει έρθει ο παράδεισος, η γη θα έχει δύο ήλιους για να υπάρχει παντού ηλιοφάνεια. Όλοι οι πάγοι θα λιώσουν χωρίς να προκαλέσουν την παραμικρή εξαφάνιση γης. Ο Θεός θα διατηρεί τη θερμοκρασία σταθερή στους είκοσι πέντε βαθμούς Κελσίου, σε όλη τη γη. Οι άνθρωποι θα έχουν αρκετό φαγητό και νερό γιατί ο Θεός θα κάνει όλη τη γη εύφορη.

Θα κάνει τους ανθρώπους συνδημιουργούς του. Οι άνθρωποι θα μπορούν να προσεύχονται στο Θεό και ο Θεός θα τους δίνει φαγητό. Κάθε άνθρωπος θα μπορεί να έχει τρία δοχεία μεταλλικά στο σπίτι του και ο Θεός θα γεμίζει αυτά τα τρία δοχεία με φαγητό μόλις αδειάζουν.

Ο κάθε άνθρωπος θα μπορεί να γεμίσει την πρώτη φορά τα δύο δοχεία με όσπρια της αρεσκείας του και στο τρίτο να βάλει κρέας ή ψάρι. Το δοχείο με το κρέας ή το ψάρι αφού το γεμίσει μετά θα πρέπει να το αδειάσει και να φυλάξει το περιεχόμενο στο ψυγείο.

Μόλις αυτά τα δοχεία κοντεύουν να αδειάσουν οι άνθρωποι θα μπορούν να προσεύχονται και ο Θεός θα τα γεμίζει ανάλογα με το περιεχόμενο του κάθε δοχείου.

Το περιεχόμενο του τρίτου δοχείου που θα είναι κρέας ή ψάρι και θα το έχουμε φυλάξει στο ψυγείο μόλις κοντεύει να τελειώσει θα πρέπει να βάζουμε λίγο από αυτό στο άδειο δοχείο και να προσευχόμαστε για να το γεμίζει ο Θεός όπως με τα άλλα δύο δοχεία.

Ο Θεός είχε κάνει αυτό το θαύμα μαζί με τον Χριστό πριν από δύο χιλιάδες χρόνια όταν ο Χριστός είχε ταΐσει πάρα πολλούς ανθρώπους με το λίγο φαγητό που είχε.

Τώρα θα κάνει αυτό το θαύμα για κάθε άνθρωπο που θα προσεύχεται και θα του το ζητάει αρκεί να έχει δικαιοσύνη, αγάπη και ισορροπία. Θα πρέπει επίσης να έχει βαπτιστεί χριστιανός και να είναι καλός και δίκαιος με όλους τους ανθρώπους.

Θα δίνει επίσης ένα σπίτι για όποιον άνθρωπο το χρειάζεται για τον ίδιο και την οικογένειά του. Θα δώσει ασφάλεια και γνώσεις στους ανθρώπους για να χαίρονται τη ζωή. Ο Θεός θέλει οι άνθρωποι να ζήσουν τον παράδεισο πάνω στη γη σε αυτόν τον κύκλο ζωής και όχι στον επόμενο.

Θέλει οι άνθρωποι να πιστέψουν αυτό το βιβλίο για να μπορέσει να φέρει τον παράδεισο μέσα σε λίγα χρόνια και όχι να περιμένει χιλιάδες χρόνια για να είναι πάλι έτοιμη η γη να ζήσει τον παράδεισο. Δε ζητάει πολλά πράγματα από τους ανθρώπους. Το πιο βασικό είναι να είναι καλοί και δίκαιοι με τον συνάνθρωπό τους και να μην κάνουν μαγείες.

Η καταστροφή της γης

Ο Θεός έχει αναγκαστεί άλλες δύο φορές στο παρελθόν να καταστρέψει όλη τη γη. Την πρώτη φορά ένας βασιλιάς με την ισχύ των όπλων είχε καταφέρει να σκλαβώσει όλους τους ανθρώπους και τη δεύτερη φορά μία άλλη χώρα, η Ατλαντίδα, πάλι με την ισχύ των όπλων είχε κυριεύσει όλη τη γη.

Αυτή τη φορά η γη δεν απειλείται από την ισχύ των όπλων αλλά από το οργανωμένο έγκλημα που σε συνεργασία με τον Σατανά, δηλαδή τους μάγους και τις μάγισσες, απειλούν να κυριεύσουν όλη τη γη. Ο Θεός δε θέλει να φοβίσει τους ανθρώπους, θέλει να τους πει την αλήθεια.

Θα ήταν πολύ χειρότερο για τους ανθρώπους εάν ο Σατανάς σκλάβωνε τις ψυχές και τα σώματα των ανθρώπων από το να πεθάνουν και να πάνε στον παράδεισο, δηλαδή να επιστρέψουν στη γη και να ζήσουν μία καινούρια ζωή. Ο Θεός δε θα αφήσει ποτέ τον Σατανά να κυριαρχήσει πάνω στη γη. Η γη είναι δημιούργημα του, το ίδιο και ο άνθρωπος και τα αγαπάει.

Η ερμηνεία του Πάτερ ημών

Άλλο ένα θέμα για το οποίο θέλει να γράψει είναι το Πάτερ ημών. Το Πάτερ ημών είναι η προσευχή που υπαγόρευσε ο Θεός στον Χριστό και τώρα θέλει να εξηγήσει αυτή την προσευχή.

Το Πάτερ ημών είναι στην κυριολεξία μία προσευχή που μιλάει για τη βασιλεία του επί της γης και όταν ο Θεός βασιλέψει επί της γης θα γίνει και το θέλημα του. Το θέλημά του είναι να φέρει τον παράδεισο στη γη για να είναι όλοι οι άνθρωποι χαρούμενοι και ευτυχισμένοι.

Πάτερ ημών, είναι η φράση με την οποία ο Θεός αρχίζει αυτή την προσευχή. Ο Θεός είναι στην κυριολεξία ο πατέρας όλων των ανθρώπων γιατί τους έχει δημιουργήσει. Θέλει οι άνθρωποι να τον αποκαλούν πατέρα τους και να τον αισθάνονται σαν πατέρα τους γιατί αυτή είναι η αλήθεια.

Θα δώσει τον άρτο τον επιούσιο. Ο άρτος ο επιούσιος είναι η σοφία και η αλήθεια του Θεού που δίνει μέσα από αυτό το βιβλίο.

Η συγχώρεση του μας δίνεται εφόσον μετανοήσουμε ειλικρινά. Η συγχώρεση η δική μας προς τους άλλους ανθρώπους δίνεται εφόσον εμείς δεν επιδιώκουμε να ανταποδώσουμε το κακό αλλά προσευχόμαστε και ζητάμε τη βοήθειά του.

Ο πειρασμός δεν είναι τίποτε άλλο από τη μη τήρηση των δέκα εντολών.

Ο πονηρός που ζητάμε από εκείνον να μας σώσει είναι ο Σατανάς. Ο Θεός θέλει να βοηθήσει τους ανθρώπους να σωθούν από τον Σατανά.

Αυτό κάνει και μέσα από αυτό το βιβλίο. Υπαγόρευσε αυτή την προσευχή στον Χριστό για να μάθουν οι άνθρωποι την αλήθεια για τον Θεό. Το Πάτερ ημών είναι η πιο δυνατή προσευχή γιατί είναι από τον Θεό.

Ο Θεός θυμώνει όταν βλέπει τον Σατανά να φτιάχνει ταινίες δήθεν για να διασκεδάσει τα παιδιά και στην πραγματικότητα αυτό που κάνει είναι να τους κάνει μαγείες, να τα φοβίζει και να τους λέει πόσο καλοί είναι οι μάγοι και οι μάγισσες, δηλαδή ο Σατανάς. Οι παιδικές ταινίες μερικές φορές περιέχουν μαγείες με σκοπό να φοβίσουν τα παιδιά και να τους κάνουν κακό. Οι γονείς δεν πρέπει να επιτρέπουν στα παιδιά τους να βλέπουν ταινίες που τα φοβίζουν γιατί έτσι ο Σατανάς μπορεί να τους κάνει πιο εύκολα κακό. Δε θα επιτρέψει στον Σατανά να συνεχίσει να το κάνει αυτό. Θα τιμωρεί όλους όσους φτιάχνουν ταινίες που περιέχουν μαγείες για μικρά παιδιά ή για ενήλικες.

Θυμώνει επίσης όταν βλέπει ανθρώπους να φτιάχνουν ταινίες τρόμου ή υπερβολικής βίας είτε για μικρά παιδιά είτε για ενήλικες. Η βία φοβίζει τους ανθρώπους, τους κάνει πιο επιθετικούς απέναντι στους άλλους ανθρώπους και τους παίρνει τη δύναμή τους. Αυτά τα συναισθήματα είναι πιο έντονα στα παιδιά. Οι άνθρωποι πρέπει να αποφεύγουν να βλέπουν τέτοιες ταινίες.

Επίσης, θυμώνει όταν βλέπει να φτιάχνουν ταινίες που περιέχουν σεξουαλική βία σε παιδιά ή γυναίκες. Η σεξουαλική βία είναι από τις χειρότερες μορφές βίας γιατί αφορά έναν πολύ ευαίσθητο τομέα της ζωής του ανθρώπου. Ο άνθρωπος που παρακολουθεί μία ταινία παιδικής πορνογραφίας ή σεξουαλικής βίας σε παιδιά ή σε ενήλικες έχει την τάση να θέλει να το κάνει αυτό και στη δική του προσωπική ζωή. Γι' αυτό θα τιμωρεί όσους κάνουν τέτοιες ταινίες. Το ίδιο ισχύει και γι' αυτούς που διανέμουν υλικό παιδικής πορνογραφίας ή εκμεταλλεύονται σεξουαλικά τα παιδιά.

Άλλο ένα θέμα που θέλει να μιλήσει ο Θεός είναι η καταστροφή του δάσους του Αμαζονίου. Εκεί βρίσκεται όλο το χρυσάφι της γης, τα πιο πολύτιμα δέντρα που δίνουν ζωή σε όλο τον κόσμο. Το δάσος του Αμαζονίου πρέπει να παραμείνει όπως είναι γιατί είναι σημαντικό για το οικοσύστημα της γης.

Άλλο ένα θέμα που θυμώνει τον Θεό είναι όταν άτομα που είναι με τον Σατανά, είναι δηλαδή μάγοι, ζητάνε τη βοήθειά του για προβλήματα υγείας που μπορεί να έχουν.

Ο Θεός δεν μπορεί να βοηθήσει ένα άτομο που κάνει μαγείες, πρέπει πρώτα να μετανοήσει αυτό το άτομο, να σταματήσει να κάνει μαγείες και να εξομολογηθεί για να μπορέσει να τον βοηθήσει.

Ο Θεός έχει αποφασίσει να κάνει πολλά θαύματα αλλά ποτέ δε θα κάνει ένα θαύμα σε κάποιον που είναι μάγος. Ούτε θα κάνει ένα θαύμα σε κάποιον άνθρωπο που είναι πολύ κακός. Τα θαύματα αυτά θα τα κάνει μόνο μέσα στην εκκλησία και ποτέ έξω από αυτήν. Όποιο άτομο θέλει ένα θαύμα θα πρέπει να έρθει στην εκκλησία.

Η εκκλησία είναι του Θεού, την αγαπάει και θέλει να τη βοηθήσει να γίνει πιο δυνατή. Θέλει όλους τους ανθρώ-πους σε όλη τη γη να πιστέψουν στην εκκλησία, στη δύναμη και την αγάπη του Θεού για τους ανθρώπους. Αν δεν ήταν η εκκλησία δε θα είχε ένα χώρο για να τον λατρεύουν οι άνθρωποι, να ζητούν τη βοήθειά του και εκείνος να τους τη δίνει με χαρά.

Άλλο ένα θέμα που δεν αρέσει στον Θεό είναι όταν οι άνθρωποι ζητούν να τους βοηθήσει και όταν τους βοηθάει, εκείνοι ξεχνούν να τον ευχαριστήσουν. Και ούτε καν αναγνωρίζουν ότι η βοήθεια που ζήτησαν τους δόθηκε από εκείνον. Ο Θεός δε ζητάει τάματα ή να του ανάβουμε μεγάλες λαμπάδες. Αλλά θέλει να ακούει ένα ευχαριστώ στην προσευχή μας και τη συνειδητοποίηση ότι η βοήθεια που λάβαμε δεν ήταν τυχαία αλλά από τον Θεό.

Με αυτό τον τρόπο βλέπει ότι αναγνωρίσαμε τη βοήθεια που μας έδωσε και την επόμενη φορά που θα του ζητήσουμε τη βοήθειά του, θα τρέξει να μας βοηθήσει. Αν ξεχνάμε να του πούμε έστω και ένα ευχαριστώ, τότε δε θα μας βοηθήσει την επόμενη φορά που θα ζητήσουμε τη βοήθειά του.

Άλλο ένα θέμα που δεν του αρέσει είναι όταν οι άνθρωποι δεν μπορούν να ξεχωρίσουν τον Σατανά από τον Θεό. Ο Σατανάς θέλει να κάνει κακό στις ψυχές και τα σώματα των ανθρώπων, θέλει να τους εξουσιάζει με τις μαγείες του, θέλει να τους παίρνει την ψυχή και το σώμα τους μόλις πεθάνουν και στόχος του είναι να κυβερνήσει όλη τη γη. Τα χαρακτηριστικά του Σατανά είναι το μίσος, η αδικία, η πλεονεξία και η ανάγκη του να ελέγχει τους πάντες και τα πάντα. Ο Θεός είναι αγάπη, δικαιοσύνη, συγχώρεση.

Ο Θεός αγαπάει τους ανθρώπους, τους έχει φτιάξει κατ' εικόνα και ομοίωση του, θέλει να έχουν ελευθερία. Από την άλλη μεριά όμως, δεν μπορεί να αφήσει τον Σατανά να αδικεί, να καταπιέζει και να κάνει ό,τι θέλει στους ανθρώπους με μαγείες. Γι' αυτό θα τιμωρήσει τον Σατανά, δε θα τον αφήσει να επικρατήσει πάνω στη γη.

Οι άνθρωποι θα μπορούν να χαίρονται τη ζωή. Οι μαγείες, η αδικία και η καταπίεση θα σταματήσουν, οι πόλεμοι θα σταματήσουν. Ο Θεός θα δώσει αρκετό φαγητό και νερό σε όλους τους ανθρώπους, η ζωή στη γη θα γίνει ο παράδεισος τους. Κάθε άνθρωπος που διαβάζει αυτό το βιβλίο πρέπει να μπορεί να ξεχωρίσει αν είναι από τον Θεό ή από τον Σατανά. Το ίδιο και τα θαύματα που θα κάνει. Ο Σατανάς μπορεί να κάνει μαγείες αλλά ποτέ δεν μπορεί να κάνει θαύματα.

Άλλο ένα θέμα που δεν αρέσει στον Θεό είναι όταν εκπρόσωποι της εκκλησίας δεν πιστεύουν στη Δεύτερη Παρουσία του Θεού στη γη, δεν πιστεύουν δηλαδή στην αγάπη του Θεού για τους ανθρώπους και στη δύναμή του. Η εκκλησία πιστεύει ότι η Δευτέρα Παρουσία του Θεού θα είναι για να καταστρέψει τη γη και ότι ο παράδεισος θα είναι κάπου αλλού αλλά όχι στη γη. Ο Θεός ποτέ δεν έχει πει ότι θα καταστρέψει τη γη και ότι ο παράδεισος θα είναι κάπου αλλού. Το μόνο πράγμα που έχει πει είναι ότι «οι καλοί άνθρωποι θα πάνε στον παράδεισο».

Ο Θεός αγαπάει την Καθολική και την Ορθόδοξη Εκκλησία γιατί έχουν και οι δύο το μυστήριο της Θείας Ευχαριστίας. Η μία εκκλησία δεν πρέπει να κατηγορεί την άλλη γιατί και οι δύο Εκκλησίες είναι ίσες. Θέλει να συνεργάζονται και όχι να ανταγωνίζονται η μία την άλλη. Θέλει επίσης, αν είναι δυνατόν, αυτές οι δύο εκκλησίες να ενωθούν στο μέλλον.

Η μία εκκλησία δεν πρέπει να θεωρείται ανώτερη της άλλης γιατί ο Θεός αγαπάει το ίδιο και τις δύο αυτές εκκλησίες. Θέλει όλες οι εκκλησίες να έχουν το μυστήριο της Θείας Ευχαριστίας για να μπορεί να τις βοηθάει. Θέλει επίσης οι Ιερείς να σέβονται τους ανθρώπους και οι άνθρωποι τους Ιερείς. Ο Θεός είναι δίκαιος και θέλει και η εκκλησία να είναι δίκαιη απέναντι στους ανθρώπους αλλά και απέναντι στους ιερείς.

Θέλει επίσης η εκκλησία να έχει χρήματα για να μπορεί να βοηθάει τους ανθρώπους που έχουν ανάγκη. Δε θέλει η εκκλησία να είναι φτωχή και χωρίς δύναμη, θέλει η εκκλησία να έχει δύναμη. Αυτή τη δύναμη η εκκλησία δεν πρέπει να τη σπαταλάει αλλά ούτε και να κάνει κατάχρηση αυτής της δύναμης. Ο Θεός θέλει δικαιοσύνη, αγάπη και ισορροπία το ίδιο ισχύει και για την εκκλησία.

Οι ιερείς πρέπει να είναι δίκαιοι με όλους τους ανθρώπους αλλά ιδιαίτερα με τους πιο ευάλωτους και τα παιδιά. Θέλει τα παιδιά να έχουν από την εκκλησία κατανόηση και αγάπη και να τους δίνουν χρόνο για να ωριμάσουν.

Η Δευτέρα Παρουσία του Θεού

Ο Θεός αποφάσισε να κάνει γνωστή την ενσάρκωση του στον Χριστό για να διδάξει τους ανθρώπους πώς πρέπει να συμπεριφέρονται στους συνανθρώπους τους και τώρα να κάνει την ενσάρκωση του στο άτομο που γράφει αυτό το βιβλίο επίσης γνωστή για να φέρει τον παράδεισο στη γη. Αν οι άνθρωποι θέλουν αποδείξεις γι' αυτό το γεγονός μπορούν να ζητήσουν ό,τι αποδείξεις θέλουν και ο Θεός θα τους τις δώσει.

Μία μεγάλη απόδειξη θα ήταν να ζητήσουν από τον Θεό να κάνει βροχή στην Ελλάδα για ένα ορισμένο χρονικό διάστημα. Άλλη μεγάλη απόδειξη είναι να ζητήσουν να βρει παιδιά ή ενήλικες που αγνοούνται ή έχουν απαχθεί σε οποιαδήποτε περιοχή της γης. Ο Θεός θα κάνει πολλά θαύματα για να πιστέψουν οι άνθρωποι αυτό το βιβλίο.

Θέλει να είμαστε δίκαιοι με τους άλλους ανθρώπους αλλά και δίκαιοι απέναντί του.

Οι νόμοι του Θεού

Ο Θεός θέλει οι νόμοι οι οποίοι γράφει σε αυτό το βιβλίο να έχουν δύναμη και γι' αυτό ό,τι γράφει το βάζει στους βασικούς νόμους, που είναι η δικαιοσύνη, η αγάπη και η ισορροπία.

Ο Θεός θέλει δικαιοσύνη γιατί χωρίς δικαιοσύνη δεν υπάρχει αγάπη ούτε ισορροπία. Θέλει αγάπη, γιατί χωρίς αγάπη δεν υπάρχει δικαιοσύνη, ούτε ισορροπία. Επίσης, θέλει ισορροπία γιατί χωρίς ισορροπία δεν υπάρχει δικαιοσύνη, ούτε αγάπη. Θέλει δικαιοσύνη γιατί είναι δίκαιος, θέλει αγάπη γιατί είναι αγάπη, θέλει ισορροπία γιατί είναι ισορροπία.

Ο Θεός θέλει όλα ή τίποτα. Θέλει τον παράδεισο στη γη ή την καταστροφή της γης, θέλει δικαιοσύνη ή την καταστροφή της γης, θέλει αγάπη ή την καταστροφή της γης, θέλει ισορροπία ή την καταστροφή της γης. Θέλει όλα ή τίποτα, γι' αυτό και δε φοβάται το οργανωμένο έγκλημα. Αν το οργανωμένο έγκλημα επικρατήσει στη γη, θα την καταστρέψει για να αρχίσει ένας καινούριος κύκλος ζωής πάνω στη γη.

Οι μάγοι και οι μάγισσες θα πάνε στην κόλαση, το ίδιο και τα μέλη της μαφίας. Ο Θεός θέλει να φέρει τον παράδεισο στη γη, δεν μπορεί να αφήσει τα μέλη μιας εγκληματικής οργάνωσης να κυριαρχήσουν στη γη. Τα μέλη αυτής της οργάνωσης, με τη βοήθεια του Σατανά θέλουν να σκλαβώσουν τη γη. Το έχουν ήδη πετύχει σε μία χώρα, και τώρα θέλουν να κάνουν το ίδιο σε όλη τη γη.

Ο Θεός θέλει ελευθερία, δεν μπορεί να ανεχτεί η γη να γίνει μία φυλακή, ούτε μπορεί να ανεχτεί η γη να γίνει βασίλειο των μαφιόζων και των μάγων. Θέλει ισορροπία, δεν μπορεί να δεχτεί το μίσος, την ψευτιά και την ανισορροπία. Θέλει δικαιοσύνη, δεν μπορεί να δεχτεί την αδικία και την καταπίεση.

Οι τρόποι που ο Θεός βοηθάει τους ανθρώπους

Άλλο ένα θέμα που δεν αρέσει στον Θεό είναι όταν οι άνθρωποι θέλουν να τους βοηθήσει χωρίς οι ίδιοι να κάνουν τίποτα. Ο Θεός μπορεί να βοηθήσει έναν άνθρωπο που προσπαθεί να κάνει κάτι αλλά, εάν κάποιος δεν προσπαθεί καθόλου, δεν μπορεί να τον βοηθήσει.

Οι τρόποι που μπορεί να βοηθήσει κάποιον είναι πολλοί. Ένας τρόπος που βοηθάει τους ανθρώπους είναι δίνοντάς τους δύναμη ψυχική αλλά και σωματική για να ανταπεξέλθουν σε μία εργασία ή σε ένα πρόβλημα. Άλλος τρόπος είναι να τους βοηθήσει να σκεφτούν μία λύση σε ένα πρόβλημα που αντιμετωπίζουν. Άλλος τρόπος που βοηθάει τους ανθρώπους είναι τιμωρώντας τους ανθρώπους που τους έχουν αδικήσει.

Ένας άλλος τρόπος είναι να στέλνει κάποιο άλλο άτομο που μπορεί να τους βοηθήσει. Άλλος τρόπος είναι να τους βοηθάει μέσα από κάποιο όνειρο, άλλος τρόπος είναι να τους βοηθάει σ' ένα πρόβλημα υγείας, άλλος τρόπος είναι όταν αποφασίζει να πει την αλήθεια σ' ένα άτομο μέσα από ένα γραπτό μήνυμα που θα στείλει σ' αυτό το άτομο με τη βοήθεια ενός άλλου ατόμου το οποίο επικοινωνεί με τον Θεό.

Αυτός ο τελευταίος τρόπος είναι ο τρόπος που διάλεξε ο Θεός για να βοηθήσει τους ανθρώπους σε όλο τον κόσμο. Το βιβλίο αυτό είναι το μήνυμα που θέλει να στείλει σε όλους τους ανθρώπους στη γη.

Ο Θεός δε θα αποφάσιζε να κάνει τη Δευτέρα Παρουσία του εάν δεν υπήρχε πραγματική απειλή από τον Σατανά. Ο Σατανάς με τη βοήθεια του οργανωμένου εγκλήματος, μέσα σε λίγα χρόνια θα είχε επικρατήσει σε όλη τη γη. Η μόνη λύση για τον Θεό θα ήταν να καταστρέψει όλο τον κόσμο και να αρχίσει έναν καινούριο κύκλο ζωής. Οι άνθρωποι πρέπει να διαλέξουν τι θέλουν, να επικρατήσει ο Θεός πάνω στη γη ή να επικρατήσει ο Σατανάς.

Ο ΘΕΌΣ ΚΑΙ ΤΟ ΧΡΗΜΑ

Ο Θεός θέλει όλοι οι άνθρωποι να μάθουν την αλήθεια για το χρήμα. Το χρήμα είναι μια εφεύρεση των ανθρώπων. Το χρήμα πάει στους ανθρώπους που το αγαπούν. Όταν κάποιος κερδίζει χρήματα με έντιμο τρόπο, αυτό δεν είναι κακό, όταν όμως κερδίζει χρήματα καταπιέζοντας ή αδικώντας άλλους ανθρώπους, τότε υπηρετεί τον Σατανά.

Ο Σατανάς θέλει οι άνθρωποι να κερδίζουν χρήματα αδικώντας ή καταπιέζοντας άλλους ανθρώπους γιατί τότε ξέρει ότι αυτοί οι άνθρωποι είναι με το μέρος του. Ο Σατανάς δεν είναι τίποτε άλλο από τους μάγους και τις μάγισσες σε όλο τον κόσμο όπως έχει προαναφερθεί. Ο Θεός θα τιμωρεί τους ανθρώπους που κερδίζουν χρήματα αδικώντας ή καταπιέζοντας άλλους ανθρώπους με συστηματικό και επαναλαμβανόμενο τρόπο.

Η τιμωρία του για αυτούς τους ανθρώπους θα είναι σκληρή. Αυτοί οι άνθρωποι δε θα μπορούν να χαρούν τα χρήματά τους. Ο Θεός θα τους παίρνει όλη τη χαρά της ζωής. Δε θα μπορούν να χαρούν τον έρωτα, το φαγητό, και τα υλικά αγαθά τα οποία έχουν.

Θα το κάνει αυτό για να συνειδητοποιήσουν ότι αυτό που κάνουν δεν είναι σωστό και να μετανοήσουν. Θα συγχωρεί αυτούς τους ανθρώπους εάν μετανοήσουν και σταματήσουν να κάνουν αυτά τα κακά πράγματα. Όταν ο Θεός θέλει να φέρει τον παράδεισο στη γη, δεν μπορεί να αφήσει τους ανθρώπους να καταπιέζουν, να αδικούν ή να κάνουν μαγείες σε άλλους ανθρώπους.

Θα τιμωρεί επίσης όσους κάνουν μαγείες για να κερδίσουν χρήματα. Η τιμωρία που θα κάνει σε αυτούς τους ανθρώπους εάν δε μετανοήσουν θα είναι ο θάνατος και η κόλαση.

Ο Θεός θέλει όλοι οι άνθρωποι να μπορούν να χαίρονται τα χρήματα τους και όχι να είναι πηγή άγχους για τους ανθρώπους. Οι άνθρωποι μπορούν να το πετύχουν αυτό με τη δικαιοσύνη, την αγάπη και την ισορροπία.

Η δικαιοσύνη είναι απαραίτητη σε κάθε συναλλαγή μας με τους άλλους ανθρώπους. Η δικαιοσύνη, ο πρώτος και πιο σημαντικός νόμος του Θεού πρέπει να εφαρμόζεται σε κάθε περίπτωση συναλλαγής με ένα άλλο άτομο. Θα τιμωρεί τα άτομα που δε θα εφαρμόζουν αυτό τον πρώτο νόμο και η τιμωρία του θα είναι ανάλογη με το κακό που θα έχουν προκαλέσει στο άλλο άτομο.

Η αγάπη, ο δεύτερος πιο σημαντικός νόμος του Θεού πρέπει να υπάρχει σε κάθε συναλλαγή μας. Η αγάπη υπάρχει όταν σεβόμαστε τους άλλους ανθρώπους, σεβόμαστε την εργασία τους ή το προϊόν που μας έχουν δώσει. Το ίδιο ισχύει και για αυτόν που κάνει κάποια εργασία ή δίνει ένα προϊόν σε έναν άλλο άνθρωπο.

Η ισορροπία, ο τρίτος πιο σημαντικός νόμος του Θεού, υπάρχει μόνο εάν υπάρχουν οι δύο πρώτοι νόμοι. Χωρίς δικαιοσύνη δεν μπορούμε να έχουμε ισορροπία. Το ίδιο ισχύει και εάν δεν έχουμε αγάπη.

Οι άνθρωποι δεν πρέπει να δίνουν ποτέ λεφτά στον Σατανά. Όταν δώσουμε λεφτά στον Σατανά για να κάνει μαγείες, τότε του δίνουμε και την ψυχή μας. Το ίδιο ισχύει και εάν υποκύπτουμε στους εκβιασμούς του Σατανά, και για να σταματήσει να μας κάνει μαγείες του δίνουμε λεφτά.

Εάν ένα άτομο εκβιάζεται από τον Σατανά με αυτό τον τρόπο και προσευχηθεί, τότε ο Θεός θα βοηθήσει αυτό το άτομο δίνοντάς του δύναμη αλλά και θα τιμωρήσει πολύ σκληρά τον Σατανά. Πρέπει να έχουμε τα λεφτά μας εκεί που είναι η ψυχή μας, η ψυχή μας δεν πρέπει να είναι ποτέ με τον Σατανά.

Τα χρήματα που έχει ο κάθε άνθρωπος πρέπει να μην τα σπαταλάει. Εάν κάποιος σπαταλάει τα χρήματά του, στην πραγματικότητα σπαταλάει τη ζωή του. Με τα χρήματα μπορούμε να παίρνουμε ό,τι χρειαζόμαστε και ό,τι θέλουμε, αλλά ποτέ δεν πρέπει να τα σπαταλάμε. Η σπατάλη είναι από τον Σατανά. Ο Σατανάς θέλει οι άνθρωποι να σπαταλούν τα λεφτά τους, να σπαταλούν δηλαδή τη δύναμή τους. Όταν κάποιος σπαταλάει τα λεφτά του, δηλαδή τη δύναμή του, ο Σατανάς μπορεί να του κάνει πιο εύκολα κακό.

Το ίδιο ισχύει και για το φαγητό, πρέπει να μην το σπαταλάμε. Το φαγητό που τρώμε είναι από τον Θεό και πρέπει να το αγαπάμε και όχι να το σπαταλάμε. Ο Θεός δε θέλει να σπαταλάμε το φαγητό, ούτε και τη ζωή μας θέλει να τη σπαταλάμε. Θέλει όλοι οι άνθρωποι να αγαπάνε τη ζωή τους, αλλά και τη ζωή των άλλων ανθρώπων.

Μέσα στο σπίτι μας δεν είναι καλό να έχουμε μάρμαρο γιατί ο Σατανάς μπορεί να μας κάνει πιο εύκολα μαγείες. Επίσης, για τον ίδιο λόγο δεν είναι καλό να έχουμε φυτεμένη συκιά στον κήπο μας ή στο πεζοδρόμιο μας. Άλλο πράγμα που δεν πρέπει να έχουμε μέσα στο σπίτι μας είναι φυτά που μυρίζουν έντονα, όπως είναι οι γαρδένιες και οι μανόλιες. Ένα άλλο πράγμα που δεν πρέπει να βάζουμε στο σπίτι μας είναι το κίτρινο χρώμα. Το κίτρινο χρώμα είναι το χρώμα του θανάτου και ο Σατανάς το εκμεταλλεύεται αυτό για να κάνει τις μαγείες του.

Οι μαγείες είναι ο πιο επικίνδυνος τρόπος εκβίασης και δολοφονίας των ανθρώπων γιατί γίνεται χωρίς να το καταλαβαίνει κανείς. Ποτέ δεν πρέπει να διαμαρτυρηθούμε σε ένα άτομο που νομίζουμε ότι μας έχει κάνει κακό.

Πρώτον, γιατί δεν είμαστε σίγουροι ότι είναι αυτό το άτομο και δεύτερον, αν διαμαρτυρηθούμε, δίνουμε στο άτομο αυτό περισσότερη δύναμη για να μας κάνει κακό.

Ο Θεός ξέρει ποιο άτομο προσπάθησε να μας κάνει κακό και θα το τιμωρήσει εάν προσευχηθούμε σε αυτόν. Η τιμωρία που θα κάνει στο άτομο που προσπάθησε να μας κάνει κακό θα είναι ανάλογη με το κακό που προσπάθησε να μας κάνει.

Άλλο ένα θέμα για το οποίο θέλει να μιλήσει ο Θεός είναι η λαθρομετανάστευση. Οι μετανάστες που έρχονται σε μια χώρα πρέπει να σέβονται τους νόμους, τον τρόπο ζωής αλλά και τους ανθρώπους αυτής της χώρας. Οι άνθρωποι που έρχονται λαθραία σε μια χώρα δεν πρέπει να νομίζουν ότι έρχονται σε αυτή τη χώρα σαν κατακτητές αλλά σαν άνθρωποι που ζητάνε από τη χώρα που έχουν εισέλθει παράνομα να τους βοηθήσει να έχουν μια καλύτερη ζωή.

Η κάθε χώρα μπορεί να δεχθεί έναν ορισμένο αριθμό μεταναστών. Αν ο αριθμός μεταναστών που δέχεται μια χώρα είναι πολύ μεγάλος, τότε υποβαθμίζεται το επίπεδο ζωής των ανθρώπων που ζουν σε αυτή τη χώρα.

Αν μια χώρα γειτονική της Ελλάδος δεν κάνει τίποτα αλλά μάλλον διευκολύνει τους μετανάστες να περάσουν από το έδαφός της και να εισέλθουν παράνομα στην Ελλάδα, τότε θα τιμωρεί αυτή τη χώρα. Αν η ίδια η χώρα συνεχίσει να παραβιάζει καθημερινά τον εναέριο χώρο της Ελλάδας, τότε ο Θεός θα την τιμωρήσει.

Αν η ίδια χώρα έχει σκλαβωμένη μια άλλη νησιωτική χώρα για δεκαετίες, τότε θα τιμωρεί αυτή τη χώρα. Αν η ίδια χώρα προσπαθήσει να κάνει πόλεμο στην Ελλάδα, τότε ο Θεός θα τιμωρήσει πολύ σκληρά αυτή τη χώρα.

Ο Θεός δε θέλει καμία χώρα να εισβάλλει σε μια άλλη χώρα ούτε θέλει μια χώρα να απειλεί μια άλλη χώρα με πόλεμο. Αν αυτή η ίδια χώρα είχε σκλαβωμένη την Ελλάδα για τετρακόσια χρόνια και με τη βοήθεια του απελευθερώθηκε, τότε δε θα αφήσει την Ελλάδα να σκλαβωθεί ξανά από την ίδια χώρα.

Ο Θεός δε θα είχε μπορέσει να βοηθήσει τους Έλληνες να απελευθερωθούν από τους Τούρκους αν δεν πίστευαν στο Θεό. Το ίδιο και με τους Ισραηλίτες, δε θα είχε μπορέσει να τους βοηθήσει να απελευθερωθούν από τους αρχαίους Αιγύπτιους αν δεν πίστευαν στον Θεό. Το ίδιο θα κάνει και για όλες τις χώρες του κόσμου, δε θα αφήσει καμιά χώρα να είναι σκλαβωμένη από μια άλλη χώρα.

Η Ελλάδα είναι μια χώρα που σέβεται τους γείτονές της πρέπει το ίδιο να κάνουν και οι γείτονές της προς αυτήν. Αν δεν ήταν οι άνθρωποι της Ελλάδας να καλωσορίσουν τον δάσκαλο μου, Ιωσήφ Μπακ Φονγκ. Ούτε και εγώ θα είχα την τύχη να συναντήσω έναν δάσκαλο που θα μου έδινε όλα τα εφόδια και θα με βοηθούσε για να ενσαρκωθεί ο Θεός σε εμένα.

Ο δάσκαλός μου, με τη βοήθεια του Θεού είχε θεραπεύσει πρωθυπουργούς, τον πρόεδρο της δημοκρατίας, αλλά και εκατοντάδες χιλιάδες ανθρώπους με τον βελονισμό και φυσικά συμπληρώματα διατροφής. Ποτέ δεν είχε κάνει διαφήμιση αλλά οι άνθρωποι πήγαιναν σε αυτόν επειδή τον αγαπούσαν και ήταν ευχαριστημένοι από τη θεραπεία που τους έκανε.

Ποτέ δεν εξαπάτησε κανέναν, σεβόταν πάντα όλους τους ανθρώπους και ποτέ δε θέλησε να κάνει έστω και μια θεραπεία παραπάνω σε έναν άνθρωπο από ό,τι πραγματικά χρειαζόταν για να πάρει περισσότερα χρήματα. Αν δεν ήταν πραγματικά δίκαιος, ο Θεός δε θα τον βοηθούσε να κάνει τις θεραπείες που έκανε αλλά ούτε θα τον έκανε άγιο αμέσως μετά τον θάνατό του.

Ο Σατανάς, με τη βοήθεια του οργανωμένου εγκλήματος, όπως έχει προαναφερθεί, έχει καταφέρει να ελέγχει ένα μεγάλο αριθμό ατόμων σε μια χώρα, ξέρει πώς να το κάνει, και τώρα προσπαθεί να κάνει το ίδιο σε όλη τη γη. Αν δεν ήταν ο Θεός θα είχε επικρατήσει σε όλη τη γη.

Ο Θεός θα σταματήσει τον Σατανά και θα σώσει τη γη. Εάν δεν είχε μπορέσει να ενσαρκωθεί δε θα μπορούσε να σώσει τη γη. Ο δάσκαλος αυτού του ατόμου έκανε μαθήματα στους μαθητές του με τη βοήθεια του Θεού. Δε σταμάτησε να κάνει μαθήματα ακόμα και όταν ήταν βαριά άρρωστος, ελπίζοντας ότι κάποιος από τους μαθητές του θα μπορούσε να συνεχίσει τη δουλειά του.

Όταν είδε ότι ο μαθητής του είναι έτοιμος και μπορεί ο Θεός να ενσαρκωθεί σε αυτόν, προσευχήθηκε στον Θεό να συνεχίσει το έργο της διδασκαλίας στον μαθητή του. Γιατί ο ίδιος, λόγω του προβλήματος υγείας του, θα έφευγε από αυτή τη ζωή. Ο Σατανάς και μετά τον θάνατό του συνέχισε να τον συκοφαντεί.

Ο αθέμιτος εμπορικός ανταγωνισμός

Άλλο ένα θέμα για το οποίο θέλει να μιλήσει ο Θεός είναι η ανταγωνιστικότητα μεταξύ των επιχειρήσεων. Η ανταγωνιστικότητα των επιχειρήσεων δεν πρέπει να γίνεται εις βάρος των μισθών των εργαζομένων ή των συνθηκών εργασίας.

Η ανταγωνιστικότητα μεταξύ των επιχειρήσεων όλων των χωρών του κόσμου πρέπει να αφορά την ποιότητα των προϊόντων τους, τις υπηρεσίες που δίνουν μετά την πώληση του προϊόντος τους και τον σχεδιασμό ή την ευκολία χρήσης του προϊόντος.

Η αύξηση της παραγωγικότητας που έχει επιτευχθεί μέσω των μηχανών πρέπει να είναι κάτι που θα βοηθήσει τους ανθρώπους να εργάζονται σε καλύτερες συνθήκες εργασίας και χωρίς καταπίεση. Όχι, όπως γίνεται μέχρι τώρα, που οι μηχανές αφήνουν άνεργους τους ανθρώπους.

Ο Θεός θέλει όλοι οι εργαζόμενοι να δουλεύουν χωρίς καταπίεση, η εργασία να είναι γι' αυτούς πηγή χαράς και όχι άγχους, απογοήτευσης και μιζέριας. Δε θα βοηθάει όσες επιχειρήσεις φέρονται με άδικο τρόπο στους εργαζόμενους. Το ίδιο θα κάνει και με όσες επιχειρήσεις φέρονται με άδικο τρόπο στους πελάτες τους.

Δε θέλει μια επιχείρηση να καταπιέζει, να αδικεί ή να κάνει μαγείες στους εργαζόμενους ή στους πελάτες της. Θέλει όλες οι επιχειρήσεις σε όλο τον κόσμο να έχουν τον ίδιο βασικό μισθό, τις ίδιες ασφαλιστικές εισφορές, την ίδια φορολόγηση για να μην υπάρχει αθέμιτος ανταγωνισμός μεταξύ των επιχειρήσεων όλου του κόσμου.

Αν μια επιχείρηση προσπαθεί με αθέμιτους τρόπους να αυξήσει τις πωλήσεις της, δε θα βοηθάει αυτή την επιχείρηση. Αν μια χώρα προσπαθεί με αθέμιτους τρόπους να αυξήσει την ανταγωνιστικότητα των επιχειρήσεών της, τότε δε θα βοηθάει αυτή τη χώρα.

Ο Θεός θέλει να φέρει τον παράδεισο στη γη και παράδεισος χωρίς βελτίωση των συνθηκών εργασίας δεν μπορεί να γίνει. Αυτή η βελτίωση των συνθηκών εργασίας πρέπει να γίνει σταδιακά από όλες τις χώρες, διαφορετικά δε θα μπορέσει να λειτουργήσει στην πράξη.

Κάθε κράτος, για να μπορεί να προσφέρει κάποιες υπηρεσίες στους πολίτες του, πρέπει να έχει κάποια έσοδα. Τα έσοδα αυτά μπορεί να τα βρει από τη φορολογία των πολιτών του. Μια κυβέρνηση πρέπει να είναι δίκαιη στη φορολόγηση των πολιτών της αλλά και να μη σπαταλάει αυτά τα λεφτά.

Η κάθε χώρα πρέπει να καταναλώνει τα προϊόντα που παράγει η ίδια. Οι εισαγωγές που κάνει μια χώρα από μια άλλη πρέπει να είναι ίσης αξίας με τις εξαγωγές που κάνει προς αυτή τη χώρα. Δύο χώρες μπορούν να ανταλλάσσουν μεταξύ τους διαφορετικά προϊόντα που παράγει η κάθε χώρα αλλά τα προϊόντα αυτά να είναι πάντα ίσης αξίας σε χρήματα. Ο Θεός θα κάνει εύφορες όλες τις χώρες του κόσμου και θα μπορούν να έχουν αρκετό φαγητό και νερό για όλους τους πολίτες τους.

Οι άνθρωποι δεν πρέπει να ανησυχούν για την κλιματική αλλαγή στον πλανήτη γιατί όλα αυτά είναι δουλειά του Θεού. Αν οι άνθρωποι σταματήσουν να καταπιέζουν, να αδικούν και να κάνουν μαγείες σε άλλους ανθρώπους, τότε και όλα αυτά τα φαινόμενα θα σταματήσουν.

Θέλει να φέρει τον παράδεισο στη γη για να υπάρχει τέλειο κλίμα. Το τέλειο κλίμα δίνει χαρά στους ανθρώπους. Οι άνθρωποι δεν κρυώνουν ούτε ζεσταίνονται πολύ και έτσι μπορούν να είναι πιο χαρούμενοι. Θέλει όλοι οι άνθρωποι σε όλη τη γη να είναι ευτυχισμένοι.

Άλλο ένα θέμα για το οποίο θέλει να μιλήσει είναι το νό-μισμα. Όλες οι χώρες του κόσμου πρέπει να έχουν το ίδιο νόμισμα. Αυτό θα έλυνε πολλά προβλήματα στις συναλ-λαγές μεταξύ των χωρών αλλά και θα εξοικονομούσε πολλά χρήματα. Ένα ενιαίο νόμισμα για όλες τις χώρες του κόσμου μπορεί να τις βοηθήσει να έχουν περισσότερη κατανόηση, αλληλεγγύη και δικαιοσύνη μεταξύ τους. Η κάθε χώρα θα μπορεί να συναλλάσσεται με τις άλλες χώρες χωρίς να ανησυχεί για τις ισοτιμίες των νομισμάτων. Και χωρίς να πρέπει να βάζει μόνο το δικό της συμφέρον πάνω απ' όλα.

Άλλο ένα θέμα για το οποίο θέλει να μιλήσει είναι η επικοινωνία μεταξύ όλων των χωρών του κόσμου. Η κάθε χώρα πρέπει να έχει τη δική της γλώσσα και να υπάρχει και μια άλλη διεθνής γλώσσα με την οποία οι άνθρωποι από όλες τις χώρες του κόσμου θα μπορούν να επικοινωνούν μεταξύ τους. Αυτή η διεθνής γλώσσα θα πρέπει να είναι εύκολη στην εκμάθησή της. Αυτή η διεθνής γλώσσα επίσης θα πρέπει να μιλιέται ήδη από ένα μεγάλο αριθμό ατόμων στη γη. Αυτή η γλώσσα είναι τα Αγγλικά.

Αν ο κάθε άνθρωπος μπορούσε να επικοινωνήσει με όλους τους ανθρώπους στη γη, μαθαίνοντας δύο μόνο γλώσσες, τη μητρική του γλώσσα και μια άλλη, αυτό θα έλυνε πολλά προβλήματα επικοινωνίας μεταξύ των ανθρώπων. Αλλά θα εξοικονομούσε επίσης και πολλά χρήματα που θα μπορούσαν να διατεθούν για άλλες ανάγκες των ανθρώπων.

Άλλο ένα θέμα για το οποίο θέλει να μιλήσει είναι ο τζόγος. Όταν ένας άνθρωπος παίζει τυχερά παιχνίδια είναι σαν να ζητάει να του δώσει λεφτά ο Σατανάς. Αυτό γίνεται γιατί δεν έχουμε κερδίσει αυτά τα λεφτά έντιμα, δηλαδή με την εργασία μας. Και δεύτερον γιατί εάν εμείς κερδίσουμε αυτά τα λεφτά, κάποιος άλλος θα τα έχει χάσει.

Ο Σατανάς το ξέρει αυτό και κάνει πολλές μαγείες στους ανθρώπους που έχουν σχέση με τα χρήματά τους. Ποτέ δεν πρέπει να παίζουμε τυχερά παιχνίδια οποιουδήποτε είδους. Οι κυβερνήσεις όλων των χωρών δεν πρέπει να ενθαρρύνουν αυτά τα παιχνίδια. Οι άνθρωποι δεν πρέπει να αναζητούν το κέρδος εις βάρος κάποιου άλλου ανθρώπου.

Ο Θεός μπορεί να βοηθήσει όλες τις χώρες του κόσμου με πολλούς τρόπους αλλά θέλει και η κάθε χώρα να μη νοιάζεται μόνο για το δικό της συμφέρον. Ένας από τους τρόπους με τούς οποίους μπορεί να βοηθήσει όλες τις χώρες του κόσμου είναι με το να μην κάνει καθόλου φυσικές καταστροφές, εφόσον οι άνθρωποι σταματήσουν να κάνουν μαγείες, να αδικούν και να καταπιέζουν άλλους ανθρώπους.

Άλλος τρόπος που μπορεί να βοηθήσει είναι να κάνει όλη τη γη εύφορη. Ένας άλλος τρόπος είναι να δώσει γνώσεις στους ανθρώπους για να ξεπεράσουν προβλήματα. Ένας άλλος τρόπος είναι να βοηθήσει τους ανθρώπους να ζουν περισσότερο χωρίς προβλήματα υγείας, άλλος τρόπος είναι να τους δώσει ασφάλεια. Ένας άλλος τρόπος είναι αν μια χώρα έχει κάποιο πρόβλημα, να τη βοηθάει να το ξεπεράσει, άλλος τρόπος είναι να κάνει το κλίμα σε όλη τη γη ιδανικό για τους ανθρώπους.

Το μυστικό της δημιουργικότητας

Ο Θεός θέλει να δώσει στους ανθρώπους το μυστικό της δημιουργικότητας. Οι άνθρωποι μπορούν να συνδημιουργούν μαζί του. Η δημιουργία είναι του Θεού, ο Θεός δημιουργεί κάθε στιγμή. Ο Θεός αγαπάει τη δημιουργία, η δημιουργία αγαπάει τον Θεό. Έχει φτιάξει τη δημιουργία, ξέρει πώς λειτουργεί και τώρα θέλει να μοιραστεί το μυστικό της δημιουργίας με τους ανθρώπους.

Η δημιουργία αγαπά την αγάπη. Όταν έχουμε αγάπη, μπορούμε να δημιουργούμε. Η δημιουργία θέλει ησυχία, η δημιουργία θέλει καθαρό μυαλό, η δημιουργία θέλει χάδια, η δημιουργία θέλει σεξ, η δημιουργία θέλει χρόνο, η δημιουργία θέλει παρέα, η δημιουργία θέλει κρεβάτι, η δημιουργία θέλει τραπέζι και η δημιουργία θέλει καρέκλα.

Η δημιουργία θέλει αυτά γιατί ο άνθρωπος μπορεί να δημιουργήσει σε όλα αυτά. Ο άνθρωπος μπορεί να δημιουργήσει στη μοναξιά και στην καλή παρέα, μπορεί να δημιουργήσει καθισμένος στο τραπέζι ή ξαπλωμένος στο κρεβάτι του. Μπορεί να δημιουργήσει οπουδήποτε του επιτρέπουν οι συνθήκες, αρκεί να έχει αγάπη.

Η αγάπη είναι βασικό συστατικό της δημιουργίας. Χωρίς αγάπη δεν μπορεί να υπάρξει δημιουργία. Η αγάπη είναι του Θεού, η δημιουργία είναι του Θεού. Ο Θεός είναι δημιουργία και αγάπη.

Θέλει όλοι οι άνθρωποι να δημιουργούν, θέλει να συνδημιουργούν μαζί του. Ο άνθρωπος μπορεί να συνδημιουργεί μαζί του όταν έχει αγάπη. Θέλει όλοι οι άνθρωποι να συνδημιουργούν μαζί του. Ο άνθρωπος δημιουργεί μαζί με τον Θεό όταν κάνει σεξ και γεννιέται μια καινούρια ζωή, δημιουργεί όταν φτιάχνει μουσική, όταν μαγειρεύει, όταν φτιάχνει τον κήπο του, όταν γράφει, όταν έχει προβλήματα που προσπαθεί να λύσει, όταν έχει χαρά, όταν έχει παρέα, και όταν είναι μόνος του, αρκεί να έχει αγάπη.

Ο Θεός θέλει όλοι οι άνθρωποι να τον εμπιστεύονται γιατί έτσι μπορεί να τους βοηθάει πιο πολύ. Θέλει οι άνθρωποι να τον αγαπούν γιατί έτσι μπορεί να τους βοηθάει πιο πολύ. Θέλει οι άνθρωποι να είναι καλοί και δίκαιοι με τον συνάνθρωπό τους.

Κανένας άνθρωπος δε θέλει να τον καταπιέζουν και να τον αδικούν. Πρέπει και εμείς να μη θέλουμε να καταπιέσουμε ή να αδικήσουμε τους άλλους ανθρώπους. Θέλει όλοι οι άνθρωποι να αγαπούν τον συνάνθρωπό τους. Οι άνθρωποι πρέπει να φέρονται στους άλλους ανθρώπους όπως θα ήθελαν οι άλλοι να φέρονται σε αυτούς. Θα τιμωρεί τους ανθρώπους που θα φέρονται στους άλλους ανθρώπους χωρίς σεβασμό και αξιοπρέπεια. Η τιμωρία του θα είναι ανάλογη με το παράπτωμά τους.

Το δικαίωμα στην αυτοέκφραση

Ο Θεός θέλει να μιλήσει για το δικαίωμα στην αυτοέκφραση. Το δικαίωμα στην αυτοέκφραση είναι βασικό συστατικό του Παραδείσου. Ο παράδεισος δεν υπάρχει χωρίς το δικαίωμα στην αυτοέκφραση. Οι άνθρωποι πρέπει να μπορούν να εκφραστούν με όποιο τρόπο επιθυμούν αρκεί να μην περιορίζουν την ελευθερία των άλλων ανθρώπων.

Οι τρόποι που μπορεί να εκφραστεί ένα άτομο είναι πολλοί. Ο κάθε άνθρωπος διαλέγει τον τρόπο που του αρέσει να εκφράζεται. Μερικοί από τους τρόπους αυτοέκφρασης είναι το τραγούδι, η μουσική, το γράψιμο, η ζωγραφική, ο περίπατος στην εξοχή, το διάβασμα, το ποδήλατο στην εξοχή, η οδήγηση σε μια διαδρομή που μας αρέσει, η καλή συζήτηση, το σεξ με τον σύζυγο ή τη σύζυγό μας, η εργασία μας αν αυτό που κάνουμε, το κάνουμε με αγάπη.

Η εργασία του κάθε ανθρώπου είναι ο βασικός τρόπος μέσα από τον οποίο μπορεί να αυτοεκφραστεί. Για να μπορεί να εκφραστεί κάποιος μέσα από την εργασία του πρέπει να την αγαπάει. Για να αγαπάει κάποιος την εργασία του πρέπει να μην τον καταπιέζουν και να του φέρονται με σεβασμό και αξιοπρέπεια. Θέλει όλοι οι άνθρωποι να αγαπάνε την εργασία τους. Οι εργοδότες πρέπει να είναι δίκαιοι με τους εργαζόμενους και οι συνθήκες εργασίας να είναι όσο το δυνατόν πιο καλές για κάθε εργαζόμενο.

Γιατί πρέπει να έχουμε δικαιοσύνη, αγάπη και ισορροπία

Ο Θεός θέλει να κάνει ένα δώρο στους ανθρώπους. Το δώρο του είναι η δυνατότητα να έχουν δικαιοσύνη. Δικαιοσύνη έχουμε όταν δε θέλουμε να χάσουμε την αγάπη μας. Η αγάπη είναι από τον Θεό. Δίνει την αγάπη του στα άτομα που είναι δίκαια. Η αγάπη του είναι η ζεστασιά που νιώθουμε στην ψυχή μας όταν είμαστε δίκαιοι. Αν δεν είμαστε δίκαιοι χάνουμε αυτή τη ζεστασιά από την ψυχή μας, χάνουμε δηλαδή την αγάπη του Θεού.

Ο Θεός δίνει αυτή τη ζεστασιά μόνο στα άτομα που είναι δίκαια. Όταν ένα άτομο χάσει αυτή τη ζεστασιά, τα χάνει όλα. Το κάνει αυτό για να καταλάβουν οι άνθρωποι ότι αυτό που έκαναν δεν ήταν σωστό και να τους βοηθήσει να μετανοήσουν. Ο Θεός δεν είναι κακός, δε θέλει να τιμωρεί τους ανθρώπους, αλλά θέλει να τους βοηθήσει να επανέλθουν στον σωστό δρόμο, τον δρόμο του Θεού. Αν άφηνε τα άτομα αυτά να αδικούν, τότε η γη θα είχε γίνει κόλαση πριν από πολύ καιρό. Ο Θεός θέλει να φέρει τον παράδεισο στη γη, όχι την κόλαση.

Άλλο ένα δώρο που θέλει να κάνει στους ανθρώπους είναι η αγάπη. Η αγάπη είναι από τον Θεό, είναι ένας από τους νόμους που έχει φτιάξει για όλο το σύμπαν. Όταν έχουμε αγάπη μας βοηθάει, διαφορετικά δεν μπορεί να μας βοηθήσει. Μπορεί να βοηθήσει τους ανθρώπους μόνο εάν έχουν αγάπη. Θέλει να έχουμε αγάπη, την αγάπη του Θεού.

Ένα άτομο έχει αγάπη όταν προσεύχεται στον Θεό και ζητάει τη βοήθειά του για τις αδικίες που μπορεί να του έχουν κάνει αντί να μισεί τους ανθρώπους αυτούς. Το μίσος είναι από τον Σατανά, ο Σατανάς θέλει οι άνθρωποι να μισούν γιατί τότε ξέρει ότι μπορεί να τους κάνει ό,τι θέλει. Ένας τρόπος που ο Σατανάς κάνει τις μαγείες του είναι να αδικεί τους ανθρώπους για να τον μισήσουν και μετά αυτός να βρει ευκαιρία να τους κάνει πιο εύκολα κακό.

Άλλο ένα δώρο που θέλει να κάνει στους ανθρώπους είναι η ισορροπία. Ισορροπία έχουμε μόνο εάν έχουμε δικαιοσύνη και αγάπη. Αν δεν έχουμε και τα δύο τότε δεν μπορούμε να έχουμε ισορροπία. Η ισορροπία είναι από τον Θεό, θέλει όλοι οι άνθρωποι να έχουν ισορροπία. Δίνει την ισορροπία στους ανθρώπους μέσα από τους νόμους που έχει φτιάξει. Αν ένας άνθρωπος δεν έχει δικαιοσύνη και αγάπη, τότε δεν μπορεί να έχει ισορροπία. Αυτό γίνεται αυτόματα και χωρίς να χρειάζεται να κάνει κάτι ο Θεός γι' αυτό. Αν ένα άτομο θέλει να έχει ισορροπία, τότε πρέπει να έχει δικαιοσύνη και αγάπη.

Θέλει να βοηθήσει τους ανθρώπους να έχουν ισορροπία, γι' αυτό αποφάσισε να γράψει και αυτό το βιβλίο. Οι άνθρωποι πρέπει να μελετήσουν αυτό το βιβλίο και όχι απλώς να το διαβάσουν. Κάθε λέξη σε αυτό το βιβλίο είναι πολύ προσεκτικά επιλεγμένη γιατί θέλει οι άνθρωποι να γνωρίσουν τη σοφία του και τη γνώση του.

Η ζωή μετά τον θάνατο

Άλλο ένα θέμα για το οποίο θέλει να μιλήσει ο Θεός είναι η ζωή μετά τον θάνατο. Η ζωή μετά τον θάνατο δεν είναι τίποτε άλλο από την επιστροφή μας στη γη για να ζήσουμε μια καινούρια ζωή. Η ζωή μας είναι ό,τι πιο σημαντικό υπάρχει, γιατί μας επιτρέπει να έχουμε εμπειρίες που θα μας βοηθήσουν να γίνουμε ένα με τον Θεό.

Θέλει όλοι οι άνθρωποι να γίνουν ένα με τον Θεό. Όταν όλοι οι άνθρωποι γίνουν ένα μαζί του, τότε θα επικρατήσει ο αληθινός παράδεισος επί της γης. Ο αληθινός παράδεισος είναι κάτι που οι άνθρωποι ούτε το έχουν φανταστεί. Ο αληθινός παράδεισος είναι ο αληθινός Θεός. Θέλει όλοι οι άνθρωποι να ζήσουν τον αληθινό παράδεισο, δηλαδή τον αληθινό Θεό.

Θέλει μέσα από αυτό το βιβλίο να περιγράψει πώς θα είναι ο αληθινός παράδεισος. Ο αληθινός παράδεισος θα είναι το αντίθετο της αληθινής κόλασης. Οι άνθρωποι θα μπορούν να ζουν με ασφάλεια, με δικαιοσύνη και με αγάπη. Από κανένα μέρος της γης δε θα λείπουν οι εύφορες κοιλάδες για να μπορούν οι άνθρωποι αλλά και τα ζώα να έχουν αρκετό φαγητό και νερό.

Από κανένα μέρος της γης δε θα λείπει η ηλιοφάνεια, από κανένα μέρος της γης δε θα λείπει το ιδανικό κλίμα. Από κανένα μέρος της γης δε θα λείπει το καθαρό περιβάλλον. Από κανένα μέρος της γης δε θα λείπει το κέλυφος με το οποίο ο κάθε άνθρωπος θα μπορεί να πετάει και να επισκέπτεται με ασφάλεια και εντελώς δωρεάν όποιο σημείο της γης θέλει.

Οι άνθρωποι πρέπει να είναι δίκαιοι με όλους τους ανθρώπους. Ένας από τους λόγους που πρέπει να είναι δίκαιοι είναι γιατί δεν ξέρουν σε ποια θέση θα βρεθούν στην επόμενη ζωή τους. Ένας άνθρωπος που είναι πολύ πλούσιος σε αυτή τη ζωή, μπορεί στην επόμενη ζωή του να είναι πολύ φτωχός. Ο Θεός στέλνει πολλές φορές τους ανθρώπους που ήταν πλούσιοι σε μια φτωχή οικογένεια για να έχουν και αυτή την εμπειρία. Ιδιαίτερα αν αυτοί οι άνθρωποι εκμεταλλεύτηκαν τη δύναμή τους για να αδικήσουν και να καταπιέσουν άλλους ανθρώπους. Γι' αυτό οι άνθρωποι πρέπει να είναι δίκαιοι και καλοί με όλους τους ανθρώπους.

Ο Θεός έχει φτιάξει κανόνες σύμφωνα με τους οποίους ο κάθε άνθρωπος θα ξαναγεννηθεί στη γη. Αν ένας άνθρωπος ήταν πολύ πλούσιος στην προηγούμενη ζωή του, πρέπει να γεννηθεί φτωχός για να έχει και αυτή την εμπειρία. Αν ήταν φτωχός, πρέπει να γεννηθεί πλούσιος για να έχει και αυτή την εμπειρία. Αν έχει κοιμηθεί με πολλές γυναίκες, τότε πρέπει να γεννηθεί όχι τόσο όμορφος για να μην αρέσει πολύ στις γυναίκες. Αν ένας άνθρωπος ήταν πλούσιος και αδίκησε άλλους ανθρώπους, τότε ο Θεός θα τον κάνει φτωχό. Αν είχε δύναμη και έκανε κατάχρηση αυτής της δύναμης, τότε θα τον τιμωρήσει κάνοντάς τον αδύναμο.

Ο Θεός θέλει να πει στους ανθρώπους πως μπορούν να έχουν όσο πλούτο θέλουν. Θέλει όλοι οι άνθρωποι να έχουν πλούτο. Ο πλούτος του δεν είναι ίδιος με τον πλούτο των ανθρώπων. Ο πλούτος του Θεού δε μετριέται με καταθέσεις στην τράπεζα ή με κιλά χρυσό, μετριέται με δικαιοσύνη, αγάπη και ισορροπία.

Οι άνθρωποι δε χρειάζονται πολλά πράγματα για να αισθάνονται πλούσιοι. Χρειάζονται υγιεινό φαγητό, καλό σεξ με τον σύντροφό τους που θα έχουν παντρευτεί στην εκκλησία, χρειάζονται ασφάλεια, χρειάζονται δικαιοσύνη, χρειάζονται αγάπη και ισορροπία. Η αγάπη και η ισορροπία πάνε μαζί, το ίδιο και η δικαιοσύνη.

Άλλο θέμα που θέλει να μιλήσει είναι το θέμα της τρομοκρατίας. Δε θέλει κανένας άνθρωπος να τρομοκρατεί και να εκβιάζει άλλους ανθρώπους για να πετύχει τους στόχους του. Αν ένας άνθρωπος ή μια ομάδα ανθρώπων πιστεύει ότι αδικείται μπορεί να προσευχηθεί και να ζητήσει βοήθεια. Ο Θεός θα βοηθήσει αυτό το άτομο ή αυτή την ομάδα που αδικείται αν δει ότι πραγματικά έχουν δίκιο. Αλλά δεν μπορεί ο κάθε άνθρωπος ή η κάθε ομάδα για να πετύχει τους σκοπούς της να βάζει βόμβες και να σκοτώνει αθώους ανθρώπους και να τρομοκρατεί εκατομμύρια άλλους.

Θα τιμωρεί πολύ σκληρά τους ανθρώπους που κάνουν μια τέτοια τρομοκρατική ενέργεια, αλλά και όσους είναι υπεύθυνοι γι' αυτή την ενέργεια. Επίσης, θα τιμωρεί πολύ σκληρά όσους εκβιάζουν άλλους ανθρώπους με σκοπό να τους αποσπάσουν χρήματα.

Τα θαύματα του Θεού

Ο Θεός θέλει να κάνει πολλά θαύματα για να πιστέψουν οι άνθρωποι αυτό το βιβλίο. Αν οι άνθρωποι πιστέψουν αυτό το βιβλίο θα μπορέσει να φέρει τον παράδεισο στη γη. Ένα από τα θαύματα που θέλει να κάνει είναι να εντοπίζει άτομα που έχουν απαχθεί ή αγνοούνται. Ο Θεός μπορεί να εντοπίσει που ακριβώς είναι ένα άτομο που έχει απαχθεί ή αγνοείται.

Αυτό που θα κάνει θα είναι ένα θαύμα. Κανένας άνθρωπος στον κόσμο δεν μπορεί να εντοπίσει πού είναι ένα άτομο που έχει απαχθεί ή εξαφανιστεί, παρά μόνο ο Θεός. Η ουσία του Θεού είναι μέσα σε κάθε άνθρωπο και γι' αυτό μπορεί να επικοινωνεί με όλους τους ανθρώπους.

Ένα άλλο θαύμα που θέλει να κάνει είναι να κάνει βροχή σε μία περιοχή της Ελλάδας αν του το ζητήσουν. Ο Θεός μπορεί να κάνει βροχή σε οποιαδήποτε περιοχή της Ελλάδος και για οποιοδήποτε χρονικό διάστημα του ζητήσουν οι άνθρωποι.

Ένα άλλο θέμα για το οποίο θέλει να μιλήσει είναι το διαδίκτυο. Το διαδίκτυο είναι μια εφεύρεση των ανθρώπων που τους επιτρέπει να επικοινωνούν πιο εύκολα μεταξύ τους. Ο Θεός δε θέλει ένας άνθρωπος μέσω του διαδικτύου να αδικεί, να καταπιέζει ή να κάνει μαγείες. Θα τιμωρεί όσους αδικούν, καταπιέζουν ή κάνουν μαγείες μέσω του διαδικτύου. Το διαδίκτυο μπορεί να βοηθήσει τους ανθρώπους αλλά δεν πρέπει να αποτελεί ένα χώρο επικίνδυνο για τα παιδιά ή τους ενήλικες. Η τιμωρία που θα επιβάλει σε αυτούς τους ανθρώπους που κάνουν αυτά τα κακά πράγματα μέσω του διαδικτύου θα είναι ανάλογη με το κακό που προσπάθησαν να κάνουν.

Ένα άλλο θέμα για το οποίο θέλει να μιλήσει είναι η α-πόδοση της δικαιοσύνης. Οι δικαστές έχουν υποχρέωση να είναι δίκαιοι απέναντι σε όλους τους πολίτες. Το ίδιο και όλοι οι άνθρωποι που έχουν σχέση με την εφαρμογή της δικαιοσύνης. Σε περιπτώσεις που ένας δικαστής σκόπιμα δεν είναι δίκαιος απέναντι σε όλους τους ανθρώπους, θα τιμωρεί αυτόν τον δικαστή αλλά και όσους σκόπιμα συνέβαλλαν για να βγει μια άδικη απόφαση.

Η πρόληψη των ναρκωτικών

Άλλο θέμα για το οποίο θέλει να μιλήσει είναι τα ναρκωτικά. Οι νέοι άνθρωποι πρέπει να ξέρουν τις παρενέργειες των ναρκωτικών για να αποφασίσουν με καθαρό μυαλό αν θα πάρουν ναρκωτικά ή όχι. Πρέπει επίσης να ξέρουν μερικούς από τους λόγους που οι άνθρωποι αρχίζουν να παίρνουν ναρκωτικά.

Οι άνθρωποι νομίζουν ότι εάν πάρουν ναρκωτικά, θα απελευθερωθούν σεξουαλικά, θα έχουν πιο πολύ ηδονή όταν κάνουν σεξ, θα γίνουν πιο δυνατοί, πιο έξυπνοι, και δε θα φοβούνται καθόλου.

Στην πραγματικότητα αυτό που κάνουν τα ναρκωτικά είναι ακριβώς το αντίθετο. Οι άνθρωποι χάνουν την ικανότητα να έχουν ηδονή όταν κάνουν σεξ, γίνονται αδύναμοι ψυχικά και σωματικά, δεν μπορούν να συγκεντρωθούν σε οτιδήποτε κάνουν, και φοβούνται τους πάντες και τα πάντα.

Όταν τα παιδιά αισθάνονται ότι οι γονείς τους και οι δάσκαλοι τα αγαπούν και τα σέβονται είναι πιο δύσκολο να αρχίσουν να παίρνουν ναρκωτικά. Όταν ένα άτομο παίρνει ναρκωτικά, ο Σατανάς μπορεί πιο εύκολα να του κάνει κακό.

Ένας τρόπος που ο Σατανάς κάνει τα νέα παιδιά να θέλουν να πάρουν ναρκωτικά είναι να τους κάνει μαγείες και να τους παίρνει τη χαρά της ζωής. Οι άνθρωποι γίνονται δυστυχισμένοι χωρίς να ξέρουν το λόγο γι' αυτό. Όταν ένα παιδί ή ένας ενήλικας είναι δυστυχισμένος, είναι πιο εύκολο να αναζητήσει την ευτυχία στα ναρκωτικά.

Ο τρόπος που ο Σατανάς παίρνει τη χαρά της ζωής από τους ανθρώπους είναι κάνοντας μαγείες στον πρωκτό. Ο πρωκτός είναι ένα σημείο που μπορεί να δώσει χαρά σε όλο το σώμα αλλά και στην ψυχή. Οι μάγοι και οι μάγισσες το ξέρουν αυτό και κάνουν πολλές μαγείες σε αυτό το σημείο για να αφαιρούν τη χαρά από τους ανθρώπους.

Όταν ένας άνθρωπος γίνει δυστυχισμένος, τότε είναι εύκολο να καταφύγει στα ναρκωτικά, το πιοτό, τον τζόγο και σε οτιδήποτε θα μπορούσε να του δώσει κάποια τεχνητή ευτυχία.

Τα ναρκωτικά αλλά και οι άλλες συνήθειες που αναφέραμε, όπως ο τζόγος και το ποτό, μπορεί να θεωρούνται αμαρτίες, όμως στα μάτια του Θεού αυτή η συμπεριφορά δεν είναι αμαρτία από μόνη της γιατί το άτομο κάνει κακό μόνο στον εαυτό του.

Η πρόληψη των ναρκωτικών είναι το πιο σημαντικό βήμα. Όλα τα παιδιά πρέπει να ξέρουν τις συνέπειες των ναρκωτικών και ειδικά τις συνέπειες στη μελλοντική σε-ξουαλική τους ζωή. Εάν κάποιος παίρνει ήδη ναρκωτικά πρέπει να ζητήσει βοήθεια από τους ειδικούς. Μπορεί επίσης να προσεύχεται στον Θεό και να ζητάει τη βοήθειά του.

Ο Θεός μπορεί να βοηθήσει ένα άτομο που παίρνει ναρκωτικά εάν προσεύχεται καθημερινά. Οι τρόποι που μπορεί να βοηθήσει είναι πολλοί. Ένας τρόπος είναι να του δώσει δύναμη ψυχική και σωματική, άλλος τρόπος είναι να τον βοηθήσει να βγάλει τις μαγείες που του έχει κάνει ο Σατανάς. Άλλος τρόπος είναι να τον βοηθήσει να μη φοβάται, άλλος τρόπος είναι να τον βοηθήσει σε προβλήματα υγείας που μπορεί να έχει.

Ο Θεός θα τιμωρεί τους μεγαλεμπόρους ναρκωτικών. Η τιμωρία αυτών των ανθρώπων θα είναι ανάλογη με το κακό που κάνουν στα άτομα που παίρνουν ναρκωτικά.

Θέλει επίσης να προειδοποιήσει τους μάγους και τις μάγισσες και να τους πει ότι η τιμωρία τους αν δε μετανοήσουν θα είναι ο θάνατος. Όταν οι μάγοι και οι μάγισσες καταστρέφουν τη ζωή εκατομμυρίων ανθρώπων, τότε η τιμωρία που τους αξίζει είναι ο θάνατος. Μετά τον θάνατό τους θα πηγαίνουν κατευθείαν στην κόλαση.

Η θεραπεία των ψυχικών ασθενειών

Ο Θεός θέλει να βοηθήσει τα άτομα που πάσχουν από μία σοβαρή ψυχική πάθηση. Σχεδόν όλες οι ψυχικές ασθένειες προέρχονται από τον Σατανά. Ο Σατανάς κάνει μαγείες στους ανθρώπους για να τους οδηγεί στην τρέλα ή στο θάνατο.

Στην περίπτωση των ψυχικών παθήσεων ο Σατανάς συνεργάζεται με τα δαιμόνια. Τα δαιμόνια δεν είναι τίποτα άλλο από μάγους ή μάγισσες που έχουν πεθάνει. Το άυλο σώμα τους είναι μικροσκοπικό αλλά έχουν όλη την εξυπνάδα και κακία που είχαν και όσο ζούσαν στο φυσικό τους σώμα. Δεν έχουν καθόλου φυσική δύναμη, το μόνο που μπορούν να κάνουν είναι μαγείες.

Τα δαιμόνια μπαίνουν στο φυσικό σώμα των ανθρώπων, συγκεκριμένα στη σπλήνα, και από εκεί με τις μαγείες τους επηρεάζουν τις σκέψεις και τα συναισθήματα των ανθρώπων. Κάνουν επίσης τους ανθρώπους να βλέπουν ή να ακούνε πράγματα τα οποία δεν υπάρχουν.

Τα δαιμόνια διαλέγουν καλά άτομα για να τους οδηγήσουν στην τρέλα ή στο θάνατο. Έχουν τη βοήθεια άλλων μάγων που είναι ακόμα ζωντανοί και με αυτόν τον τρόπο συνεργάζονται για να κάνουν κακό στα άτομα που εκείνοι διαλέγουν.

Όταν ένα άτομο έχει βαπτιστεί ως Χριστιανός έχει προστασία από τα δαιμόνια μέχρι την ηλικία των δεκαοκτώ ετών. Μερικές φορές όμως ο Σατανάς μπορεί να βάλει ένα δαιμόνιο σε ένα παιδί σε πολύ μικρή ηλικία πριν οι γονείς του προλάβουν να το βαπτίσουν.

Γι' αυτό τον λόγο είναι καλύτερα για τα παιδιά να βαπτίζονται μέσα στις πρώτες δεκαπέντε ημέρες από τη γέννηση τους για να είναι σίγουρο ότι ο Σατανάς δεν έχει προλάβει να βάλει ένα δαιμόνιο μέσα στο παιδί.

Τα δαιμόνια για να οδηγήσουν ένα άτομο στην τρέλα ή στον θάνατο χρειάζονται μερικά χρόνια. Ο λόγος που το κάνουν αυτό είναι γιατί έτσι αποκτούν πιο πολύ δύναμη όπως έχει προαναφερθεί.

Ο Θεός θέλει να δώσει ένα τρόπο στους ανθρώπους για να μπορούν να βγάζουν τα δαιμόνια και να θεραπεύουν τις ψυχικές ασθένειες. Αυτό είναι δυνατόν με τη βοήθεια του Θεού.

Κάθε άνθρωπος που έχει ένα δαιμόνιο στο σώμα του, εάν κάθε Παρασκευή λέει το Πάτερ ημών δεκατέσσερις φορές με κανονική φωνή, (όχι νοερά), το δαιμόνιο θα φύγει από μέσα του. Το άτομο πρέπει να είναι όρθιο και απέναντί του να έχει την εικόνα του Άγιου Ιωσήφ και του Χριστού.

Το Πάτερ ημών είναι η πιο δυνατή προσευχή γιατί την έχει δώσει ο ίδιος ο Θεός. Αν ένα άτομο πει αυτή την προσευχή με αυτό τον τρόπο για πέντε ή έξι Παρασκευές, το δαιμόνιο θα φύγει από μέσα του. (Το δαιμόνιο μπορεί να φύγει τη δεύτερη ή την τρίτη φορά που ο άνθρωπος θα πει αυτή την προσευχή, αλλά είναι καλύτερα να την πει για πέντε ή έξι Παρασκευές, για πιο σίγουρα). Αν η ασθένεια του οφειλόταν στο δαιμόνιο, τότε το άτομο αυτό θα είναι καλά μετά από αυτό.

Αν ένα άτομο είναι τόσο ψυχικά άρρωστο που δεν μπορεί να πει το Πάτερ ημών δεκατέσσερις φορές, τότε δύο άλλα άτομα που αγαπούν αυτό το άτομο μπορούν να λένε αυτή την προσευχή με τον ίδιο τρόπο κρατώντας στα χέρια τους μια φωτογραφία του ατόμου που είναι άρρωστο.

Όταν το δαιμόνιο φύγει, το άτομο αυτό θα αισθάνεται λίγο αδύναμο για μερικές ημέρες αλλά μετά θα είναι καλά. Αν η ζωή ή η υγεία ενός ατόμου κινδυνεύει λόγω μίας σοβαρής ψυχικής ασθένειας, τότε θα πρέπει να επισκεφτεί τον γιατρό του, να ακολουθεί τις οδηγίες του και παράλληλα κάθε Παρασκευή να λέει το Πάτερ ημών δεκατέσσερις φορές.

Αν κάποιο άτομο παίρνει φάρμακα για κάποια ψυχική ασθένεια, δεν πρέπει να μειώσει ή να σταματήσει τα φάρμακά του χωρίς και τη σύμφωνη γνώμη του γιατρού του.

Αυτή την προσευχή μπορούν να τη λένε και άτομα που δεν έχουν ένα δαιμόνιο ή μία ψυχική πάθηση αλλά θέλουν να έχουν προστασία από τα δαιμόνια. Αν κάποιος θέλει να έχει προστασία μπορεί να λέει αυτή την προσευχή, μία φορά τον χρόνο, για πέντε ή έξι συνεχόμενες Παρασκευές.

Οι άνθρωποι δεν πρέπει να φοβούνται τα δαιμόνια, ειδικά μετά από τον τρόπο που δίνει ο Θεός σε αυτό το βιβλίο για να μπορούν οι άνθρωποι να βγάζουν τα δαιμόνια, είτε από τον εαυτό τους, είτε από κάποιο άτομο της οικογένειάς τους. Τα δαιμόνια που θα βγαίνουν από τα σώματα των ανθρώπων θα πηγαίνουν κατευθείαν στην κόλαση για να μην μπορούν να κάνουν κακό σε άλλους ανθρώπους.

Η προστασία των παιδιών

Ο Θεός θέλει να πει στους γονείς ότι δεν πρέπει ποτέ να χτυπούν τα παιδιά τους. Οι γονείς μπορούν να θυμώσουν ή να φωνάξουν στο παιδί τους αλλά ποτέ δεν πρέπει να το χτυπούν. Όταν ένας γονέας χτυπήσει το παιδί του, αυτό είναι αμαρτία και επίσης ο Σατανάς μπορεί να κάνει σε αυτό το παιδί πιο εύκολα κακό.

Τα παιδιά δεν είναι κακά, έχουν έρθει από τον παράδεισο, γι' αυτό οι γονείς πρέπει να τα προστατεύουν και να τα αγαπάνε. Αν ένας γονέας αναγκαστεί να τιμωρήσει το παιδί του, η τιμωρία αυτή δεν πρέπει να είναι αυστηρή.

Πρέπει οι γονείς να βλέπουν τα παιδιά τους με κατανόηση. Πρέπει να προσεύχονται στον Θεό και να ζητούν τη βοήθειά του σε προβλήματα που μπορεί να έχουν μαζί τους.

Οι γονείς πρέπει να ξέρουν ότι ένα παιδί έχει ανάγκη από παιχνίδι με κίνηση μαζί με άλλα παιδιά για να μπορεί να εκτονώνεται. Πρέπει να ξέρουν ότι το κάθε παιδί έχει ζήσει πολλές ζωές που του επιτρέπει να ξέρει και να γνωρίζει πιο πολλά πράγματα από ό,τι νομίζουν οι γονείς.

Πρέπει επίσης να ξέρουν ότι αυτά τα παιδιά έχουν ξανα-γεννηθεί στη γη επειδή στην προηγούμενη ζωή τους δεν ήταν πολύ κακά άτομα, διαφορετικά θα είχαν πάει στην κόλαση. Πρέπει να ξέρουν ότι έχουν ευθύνη απέναντι στο κάθε παιδί τους και πρέπει να είναι καλοί και δίκαιοι απέναντί τους.

Μερικές φορές ένα παιδί μπορεί να είναι άτακτο ή λυπημένο γιατί του κάνει μαγείες ο Σατανάς. Οι γονείς μπορούν να προσεύχονται στον Θεό και να ζητούν τη βοήθειά του αν έχουν προβλήματα με τα παιδιά τους.

Επίσης, οι γονείς μπορούν να λένε τρεις φορές νοερά το Πάτερ ημών έχοντας στο μυαλό τους το παιδί τους ή κοιτάζοντάς το, αν νομίζουν ότι μπορεί να έχει κάποια μαγεία. Κάθε φορά που θα λένε το Πάτερ ημών, πρέπει να προσθέτουν στο τέλος τη λέξη «αμήν», τρεις φορές. Αν οι γονείς πουν αυτή την προσευχή, ο Θεός θα βγάζει αμέσως τις μαγείες που μπορεί να έχει το παιδί τους.

Άλλος τρόπος με τον οποίο οι γονείς μπορούν να προστατεύουν τα παιδιά τους είναι λέγοντάς τους ότι τα αγαπούν. Οι γονείς πρέπει να συμπεριφέρονται στα παιδιά τους με τέτοιο τρόπο που θα κάνουν τα παιδιά τους να τους αισθάνονται σύμμαχό τους. Άλλος τρόπος είναι βάζοντας μία εικόνα της Παναγίας στο δωμάτιό τους αλλά και ένα σταυρό.

Όταν τα παιδιά θα είναι λίγο πιο μεγάλα, αν θέλουν μπορούν να έχουν ένα μικρό σταυρό και ένα φυλαχτό κρεμασμένο στον λαιμό τους που από τη μία πλευρά θα έχει την εικόνα του Άγιου Ιωσήφ και από την άλλη πλευρά την εικόνα της Παναγίας. Άλλος τρόπος είναι να μιλάνε στα παιδιά τους ευγενικά.

Τα όνειρα των παιδιών

Ένας άλλος τρόπος που ο Σατανάς κάνει κακό στα παιδιά είναι τα όνειρα. Μερικές φορές τα όνειρα που βλέπουν τα παιδιά είναι από τον Σατανά. Ο Σατανάς στέλνει αυτά τα όνειρα στα παιδιά ή στους ενήλικες με μαγείες. Οι γονείς πρέπει να καθησυχάζουν τα παιδιά τους όταν αυτά βλέπουν τρομακτικά όνειρα. Ο Θεός ποτέ δε στέλνει τρομακτικά όνειρα στα παιδιά ή στους ενήλικες.

 Μπορεί να στείλει ένα όνειρο σε κάποιον ενήλικα για να τον βοηθήσει αλλά ποτέ δε θα του στείλει ένα όνειρο που θα τον τρομάξει. Τα επαναλαμβανόμενα όνειρα που μπορεί κάποιες φορές να βλέπουν τα παιδιά ή οι ενήλικες προέρχονται πάντα από τον Σατανά.

Ο Θεός σέβεται και αγαπάει το κάθε παιδί. Όλα τα παιδιά του κόσμου είναι παιδιά του. Όταν βλέπει ένα παιδί να υποφέρει, λυπάται. Θέλει τα παιδιά να είναι ευτυχισμένα και όχι να υποφέρουν σαν να είναι στην κόλαση.

Η άθληση των παιδιών είναι αναγκαία για κάθε παιδί, αλλά όταν ένα παιδί καταπιέζεται για να έχει υψηλές επιδόσεις στον αθλητισμό αυτό δεν είναι καλό. Οι γονείς και οι δάσκαλοι δεν πρέπει να καταπιέζουν τα παιδιά για να έχουν υψηλές επιδόσεις στον αθλητισμό. Η άθληση πρέπει να είναι χαρά για τα παιδιά και όχι καταπίεση.

Όλα τα παιδιά του κόσμου χρειάζονται τον Θεό. Ο Θεός χρειάζεται τα παιδιά. Χωρίς αυτά δε θα υπήρχε ούτε ο ίδιος. Το ίδιο και αυτά δε θα υπήρχαν χωρίς εκείνον. Ο

Θεός βοηθάει τα παιδιά σε κάθε πρόβλημα που μπορεί να έχουν και μπορεί να κάνει τα πάντα για να βοηθήσει ένα παιδί.

Θα ήθελε το κάθε παιδί να προσεύχεται για να μπορεί να το βοηθάει. Όταν ένα παιδί προσευχηθεί, πάντα το βοηθάει. Αυτό γίνεται γιατί ξέρει ότι το κάθε παιδί είναι καλό. Θέλει όλα τα παιδιά να προσεύχονται γιατί ο Θεός είναι ο πατέρας τους. Θέλει τα παιδιά να είναι ευτυχισμένα. Να μη φοβούνται τους δασκάλους τους ούτε τους γονείς τους αλλά να τους αγαπάνε.

Επίσης, θέλει οι γονείς των παιδιών να είναι ευτυχισμένοι για να μπορεί και εκείνος να είναι ευτυχισμένος. Ο Θεός χαίρεται όταν οι άνθρωποι είναι ευτυχισμένοι. Αποφάσισε να φέρει τον παράδεισο στη γη για να μπορούν όλοι οι άνθρωποι να είναι χαρούμενοι και ευτυχισμένοι. Το ίδιο θέλει και για όλα τα παιδιά σε όλο τον κόσμο.

Θα δώσει στους ανθρώπους όλα όσα χρειάζονται για να είναι ευτυχισμένοι. Θα τους δώσει ασφάλεια, γνώσεις, τέλειο κλίμα, φαγητό και νερό, θα τους δώσει υγεία και τις γνώσεις για να χαίρονται τη ζωή.

Από την άλλη μεριά, θα τιμωρεί τους ανθρώπους που καταπιέζουν, αδικούν ή κάνουν μαγείες σε άλλους ανθρώπους. Η υπόσχεση του Θεού ότι οι καλοί άνθρωποι θα πάνε στον παράδεισο έχει έρθει η ώρα να πραγματοποιηθεί.

Άλλο ένα θέμα για το οποίο θέλει να μιλήσει είναι η ασφάλεια των ανθρώπων. Όλοι οι άνθρωποι πρέπει να αισθάνονται ασφαλείς οπουδήποτε και αν βρίσκονται. Θα τιμωρεί όσους ανθρώπους προσπαθήσουν να κάνουν κακό σε ένα άλλο άτομο με οποιονδήποτε τρόπο. Η τιμωρία που θα κάνει σε αυτά τα άτομα θα είναι ανάλογη με το κακό που προσπάθησαν να κάνουν. Η τιμωρία του γι' αυτά τα άτομα από εδώ και στο εξής θα γίνεται με πιο άμεσο τρόπο.

Ο Θεός θέλει να επιβάλλει δικαιοσύνη πάνω στη γη, δεν μπορεί να αφήσει τα άτομα αυτά να αδικούν, να καταπιέζουν ή να κάνουν μαγείες με σκοπό το δικό τους προσωπικό κέρδος. Η ασφάλεια που θα δώσει σε όλους τους ανθρώπους είναι το πρώτο βήμα για να φέρει τον παράδεισο επί της γης.

Άλλο ένα θέμα για το οποίο θέλει να μιλήσει είναι το θέμα της εμφάνισης μιας υπόσχεσης του Θεού. Όταν υπόσχεται κάτι ο Θεός, θετικό ή αρνητικό, αυτό γίνεται πάντα. Οι υποσχέσεις του απαιτούν κάποιο χρόνο, γι' αυτό οι άνθρωποι δεν πρέπει να χάνουν την πίστη τους όταν μια υπόσχεση του αργεί να εκπληρωθεί.

Μερικές φορές, όσο μεγαλύτερη είναι μία αλήθεια τόσο πιο δύσκολο είναι για τους ανθρώπους να την πιστέψουν. Ο Θεός δεν είναι ψεύτης ούτε και ο Πέτρος είναι ψεύτης. Δε θέλει οι άνθρωποι να πιστέψουν αυτό το βιβλίο χωρίς αποδείξεις. Θέλει οι άνθρωποι να ζητήσουν ό,τι αποδείξεις θέλουν για να μπορέσουν να πειστούν ότι αυτό το βιβλίο είναι από τον αληθινό Θεό. Είναι έτοιμος να δώσει ό,τι αποδείξεις του ζητήσουν οι άνθρωποι.

Άλλο θέμα που θέλει να μιλήσει είναι το θέμα της αλήθειας. Για να υπάρχει δικαιοσύνη στη γη πρέπει να υπάρχει και αλήθεια. Θα τιμωρεί τα άτομα που λένε ψέματα με σκοπό να κάνουν κακό σε ένα άλλο άτομο.

Η τιμωρία που θα επιβάλλει σε ένα άτομο που είπε ψέματα θα είναι ανάλογη με το κακό που προσπάθησε να κάνει λέγοντας ψέματα. Αν έχει αποφασίσει να φέρει τον παράδεισο επί της γης δεν μπορεί να αφήσει τα άτομα αυτά να λένε ψέματα με σκοπό να κάνουν κακό σε ένα άλλο άτομο.

Άλλο ένα θέμα που θέλει να μιλήσει είναι η παγκοσμιοποίηση. Θέλει η κάθε χώρα να είναι ξεχωριστή και σεβαστή από τους γείτονές της. Ποτέ να μην εισβάλλει μια χώρα σε μια άλλη χώρα. Καμία χώρα να μην έχει σκλαβωμένη μία άλλη χώρα και καμία χώρα να μην απειλεί μία άλλη χώρα με πόλεμο.

Θέλει επίσης όλες οι χώρες να έχουν ένα κοινό νόμισμα, να υπάρχει μια διεθνής γλώσσα και συνεργασία μεταξύ των χωρών. Αυτό το μοντέλο παγκοσμιοποίησης θα λύσει πολλά προβλήματα και θα βοηθήσει τη συνεργασία μεταξύ των χωρών.

Δε θα βοηθάει τις χώρες που επιδιώκουν μόνο το δικό τους συμφέρον και όχι το συμφέρον όλων των χωρών της γης όπως έχει ήδη αναφέρει. Αν μια χώρα ενδιαφέρεται μόνο για το δικό της συμφέρον, αδιαφορώντας για το συμφέρον των άλλων χωρών, δε θα τη βοηθάει ούτε θα βοηθάει αυτούς που είναι υπεύθυνοι για τη στάση αυτής της χώρας.

Ο Θεός θέλει να βοηθήσει την Ελλάδα να ξεπεράσει την οικονομική κρίση. Θέλει να τη βοηθήσει να βρει το πετρέλαιο και το χρυσάφι που υπάρχει στο υπέδαφός της. Εάν του το ζητήσουν μπορεί να υποδείξει ακριβώς σε ποια σημεία της Ελλάδος υπάρχει πετρέλαιο ή χρυσάφι.

Θέλει επίσης να βοηθήσει την Ελλάδα σε όλα τα εθνικά της θέματά γιατί πιστεύει ότι έχει δίκιο σε όλα. Θέλει η Ελλάδα να είναι από τις πρώτες χώρες που θα έχει τον παράδεισο στη γη. Θέλει να κάνει όλα αυτά γιατί αγαπάει την Ελλάδα. Η Ελλάδα είναι μια χώρα που πιστεύει στον Θεό. Θέλει επίσης να κάνει το ίδιο για κάθε χώρα που θα ζητήσει τη βοήθεια του, αρκεί αυτή η χώρα να είναι δημοκρατική και να μη θέλει να καταπιέσει ή να εισβάλει σε άλλη χώρα.

Για να είναι μία χώρα είναι δημοκρατική πρέπει να υπάρχουν ελεύθερες εκλογές, ελευθερία έκφρασης των πολιτών και ελευθερία του τύπου.

ΟΙ ΕΝΣΑΡΚΏΣΕΙΣ ΤΟΥ ΘΕΟΎ

Από την αρχή της δημιουργίας του κόσμου, ο Θεός ενσαρκώνεται σε διάφορους ανθρώπους. Όπως κάθε άνθρωπος έτσι και ο Θεός έχει ένα σώμα. Το σώμα του είναι άυλο δεν μπορούμε να το δούμε.

Μόνο σε εξαιρετικές περιπτώσεις εμφανίζει το άυλο σώμα του στους ανθρώπους. Σ' αυτές τις εξαιρετικές περιπτώσεις εμφανίζει το άυλο σώμα του για να βοηθήσει κάποιο άτομο που κινδυνεύει.

Έχει φτιάξει τον άνθρωπο κατ' εικόνα και ομοίωση του. Το σώμα του είναι το ίδιο με το σώμα του ανθρώπου, μόνο που είναι άυλο. Άυλο είναι και το σώμα των ανθρώπων όταν φεύγουν από το φυσικό τους σώμα μετά τον θάνατό τους.

Ο Θεός έχει ενσαρκωθεί πολλές φορές σε διάφορους ανθρώπους, ένας από αυτούς τους ανθρώπους ήταν και ο δάσκαλος του Πέτρου, Ιωσήφ Μπακ Φονγκ. Η ενσάρκωση στον δάσκαλο του Πέτρου ήταν κρυφή. Κανένας, συμπεριλαμβανομένου του Πέτρου, δεν το γνώριζε μέχρι και τον θάνατο του δασκάλου του.

Ο Θεός δε θα μπορούσε να ενσαρκωθεί ποτέ σ' ένα βρέφος, πρώτον, γιατί το βρέφος δεν μπορεί να του δώσει την άδεια να ενσαρκωθεί σε αυτό, και δεύτερον, γιατί η ενέργεια του είναι τόσο μεγάλη που ένα βρέφος δε θα μπορούσε να την αντέξει.

Ο Θεός δεν μπορεί να ενσαρκωθεί ποτέ σε ένα άτομο χωρίς την άδειά του, ούτε μπορεί να ενσαρκωθεί σε κάποιον που δε θεωρεί άξιο για να ενσαρκωθεί.

Για να είναι κάποιος άξιος για να ενσαρκωθεί σε αυτόν πρέπει όχι μόνο να είναι καλός και δίκαιος και να μην κάνει μαγείες αλλά και να έχει εκπαιδευτεί κατάλληλα από έναν άλλο δάσκαλο στον οποίο ήταν πριν ενσαρκωμένος ο Θεός.

Η προετοιμασία αυτή διαρκεί χρόνια και μόνο όποιος περάσει όλες τις δοκιμασίες από τον δάσκαλό του αλλά και τον Θεό μπορεί να θεωρηθεί κατάλληλος για να ενσαρκωθεί σε αυτόν.

Ο Πέτρος πέρασε όλες τις δοκιμασίες από τον δάσκαλό του αλλά και από τον Θεό και αποφάσισε να ενσαρκωθεί σε αυτόν. Εάν η γη δεν κινδύνευε από τον Σατανά, ο Θεός θα ήταν ενσαρκωμένος σε αυτό το άτομο χωρίς να το ξέρει κανείς. Αλλά επειδή η γη κινδυνεύει από τον Σατανά αποφάσισε να κάνει γνωστή αυτή την ενσάρκωση όπως έκανε και όταν ενσαρκώθηκε στον Χριστό.

Μερικοί από τους ανθρώπους που έχει ενσαρκωθεί ο Θεός ήταν οι εξής: Ο Μωυσής, στον οποίο υπαγόρευσε τις δέκα εντολές. Ο βασιλιάς Ναβουχοδονόσορ. Ο βασιλιάς Σολομώντας, (το βιβλίο Σολομωνική δεν είναι γραμμένο από τον βασιλιά Σολομώντα αλλά από κάποιους μάγους που ήθελαν να εκμεταλλευτούν το όνομα του βασιλιά Σολομώντα). Ήταν επίσης ενσαρκωμένος στον Πλάτων. Τα βιβλία που έγραψε ο Πλάτων τα έγραψε με τη βοήθεια του Θεού αλλά όχι με την υπαγόρευσή του. Ένα άλλο άτομο στο οποίο ήταν ενσαρκωμένος ο Θεός ήταν ο πατέρας του Χριστού, Ιωσήφ.

Όταν ο Θεός ενσαρκώθηκε στον Χριστό έκανε την Πρώτη Παρουσία του και έκανε πολλά θαύματα. Του υπαγόρευσε το Πάτερ ημών, την επί του όρους ομιλία και τα λόγια που είπε όταν έδωσε στους μαθητές του τον άρτο και τον οίνο.

Ήταν επίσης ενσαρκωμένος στον δάσκαλο του Πέτρου όπως προαναφέραμε, και τώρα στον Πέτρο. Αυτοί είναι μόνο μερικοί από τους ανθρώπους που έχει ενσαρκωθεί. Ο Θεός αγαπάει όλους τους ανθρώπους στους οποίους έχει ενσαρκωθεί.

Όλες οι ενσαρκώσεις του ήταν σημαντικές αλλά η ενσάρκωση του Θεού στον Πέτρο είναι πιο σημαντική γιατί αποφάσισε να κάνει τη Δευτέρα Παρουσία του.

Ο Θεός, όπως και κάθε άνθρωπος, έχει την ανάγκη να εργαστεί, μέσα από την εργασία νιώθει πληρότητα, ικανοποίηση. Θέλει να βοηθάει τους ανθρώπους και με άμεσο τρόπο, γι' αυτό ενσαρκώνεται σε άτομα που θέλουν να κάνουν το ίδιο πράγμα. Αν δεν ήταν αυτά τα άτομα, θα ένιωθε μοναξιά και απογοήτευση. Ποτέ δεν επιτρέπει την ενσάρκωση ενός ατόμου σε ένα άλλο άτομο. Αυτό μπορεί να το επιτρέψει μόνο σε εξαιρετικές περιπτώσεις.

Θέλει να είναι χρήσιμος στους ανθρώπους όπως και κάθε άνθρωπος θέλει να είναι χρήσιμος στους συνανθρώπους του. Γι' αυτό θυμώνει όταν βλέπει να καταπιέζουν, να αδικούν ή να κάνουν μαγείες στους ανθρώπους που είναι δημιούργημά του και τους αγαπάει.

Ο Θεός δε θέλει οι άνθρωποι να καταπιέζουν, να αδικούν ή να κάνουν μαγείες σε άλλους ανθρώπους. Όταν το κάνουν αυτό οι άνθρωποι νιώθει όπως θα ένιωθε κάθε πατέρας που θα έβλεπε το παιδί του να το αδικούν, να το καταπιέζουν ή να του κάνουν μαγείες.

Θέλει όλοι οι άνθρωποι να μπορούν να δουν τον Θεό σαν πατέρα τους, γιατί είναι ο πατέρας τους. Δε θέλει οι άνθρωποι να νομίζουν ότι ο φυσικός τους πατέρας είναι ο αληθινός τους πατέρας, γιατί δεν είναι.

Ο αληθινός τους πατέρας είναι ο Θεός. Ο φυσικός πατέρας κάθε παιδιού έχει δημιουργήσει το παιδί του αλλά με τη βοήθεια του Θεού. Η μητέρα κάθε παιδιού επίσης έχει δημιουργήσει το παιδί της αλλά με τη βοήθεια του. Έτσι είναι και πατέρας και μητέρα κάθε παιδιού. Ο Θεός έχει δημιουργήσει και τον πατέρα και τη μητέρα κάθε παιδιού, γι' αυτό μπορεί να είναι και πατέρας και μητέρα κάθε παιδιού.

Ο Θεός δε θέλει οι άνθρωποι να νομίζουν ότι, επειδή ο Θεός είναι άντρας, ο άντρας είναι ανώτερος από τη γυναίκα. Θέλει τον άντρα και τη γυναίκα να είναι ίσοι.

Δε θέλει οι άνθρωποι να νομίζουν ότι ο Θεός είναι μισογύνης, αγαπάει τις γυναίκες όπως και τους άντρες.

Δε θέλει οι άνθρωποι να νομίζουν ότι ο Θεός είναι ρατσιστής. Αγαπάει όλες τις φυλές γιατί τις έχει φτιάξει ο ίδιος.

Επίσης, δε θέλει οι άνθρωποι να νομίζουν ότι ο Θεός είναι δικτάτορας γιατί αγαπάει την ελευθερία και θέλει όλοι οι άνθρωποι να είναι ελεύθεροι να κάνουν ό,τι θέλουν αρκεί να μην περιορίζουν την ελευθερία των άλλων ανθρώπων.

Οι άνθρωποι πρέπει να κατανοήσουν ότι ο παράδεισος στη γη δε θα μπορούσε να γίνει πραγματικότητα εάν επέτρεπε οι άνθρωποι να συνεχίσουν να αδικούν, να καταπιέζουν και να κάνουν μαγείες σε άλλους ανθρώπους.

Δε θέλει οι άνθρωποι να δουλεύουν σαν σκλάβοι, θέλει η εργασία να είναι πηγή χαράς για τους ανθρώπους. Θα τιμωρεί όσους ανθρώπους αδικούν, καταπιέζουν ή κάνουν μαγείες σε άλλους ανθρώπους και η τιμωρία τους θα είναι σαν να έχουν προσπαθήσει να αδικήσουν, να καταπιέσουν, ή να κάνουν μαγείες στον ίδιο.

Δε θέλει οι άνθρωποι να αδικούν να καταπιέζουν, ή να κάνουν μαγείες, όπως και οι ίδιοι δε θα ήθελαν άλλοι άνθρωποι να κάνουν αυτά τα κακά πράγματα σε αυτούς.

Ο Θεός που έχει τόσο πολύ δύναμη δε θέλει ποτέ να αδικεί και να καταπιέζει τους ανθρώπους και ο Σατανάς που δεν έχει καθόλου δύναμη θέλει να αδικεί, να καταπιέζει και να κάνει μαγείες στους άλλους ανθρώπους, θέλει να τους εξουσιάζει και σκοπός του είναι να επικρατήσει σε όλη τη γη.

Ο Θεός δε θα επιτρέψει ποτέ στον Σατανά να το κάνει αυτό. Αν ο Σατανάς κατόρθωνε να επικρατήσει σε όλη τη γη, ο Θεός θα έκανε τόσο μεγάλες φυσικές καταστροφές που όλοι οι άνθρωποι θα πέθαιναν εκτός από πολύ λίγους που θα ζούσαν για να ξαναρχίσουν ένα καινούργιο κύκλο ζωής όπως έχει ήδη αναφέρει.

Στην πραγματικότητα ο αγώνας που κάνει ο Σατανάς για να επικρατήσει σε όλη τη γη είναι από τώρα χαμένος γι' αυτόν. Γιατί ακόμα και αν κατάφερνε να επικρατήσει σε όλη τη γη, ο Θεός θα την κατάστρεφε για να αρχίσει έναν καινούριο κύκλο ζωής πάνω στη γη.

Ο Θεός έχει την ευθύνη για το τι συμβαίνει στη γη. Αν δει, ότι ο Σατανάς είναι έτοιμος να επικρατήσει σε όλη τη γη, τότε θα την καταστρέψει.

Το άτομο που γράφει αυτό το βιβλίο με την υπαγόρευση του Θεού είναι έτοιμο να δώσει και τη ζωή του για να μην επικρατήσει ο Σατανάς στη γη. Ο Θεός τον αγαπάει και θα τον προστατέψει με κάθε τρόπο.

Άλλο ένα θέμα για το οποίο θέλει να μιλήσει είναι το θέμα του θανάτου του δασκάλου μου. Ο δάσκαλός μου ήταν άρρωστος από την καρδιά του αλλά θα ζούσε περισσότερο αν ο Θεός δεν ήθελε να κάνει τη Δευτέρα Παρουσία του. Ο Θεός άφησε την υγεία του Άγιου Ιωσήφ Μπακ Φονγκ να χειροτερέψει με τη σύμφωνη γνώμη του δασκάλου μου.

Το αποφάσισε αυτό όταν είδε ότι θα μπορούσε να ενσαρκωθεί στον Πέτρο. Ο Άγιος Ιωσήφ Μπακ Φονγκ και ο Θεός αποφάσισαν ότι για να μπορέσει ο Θεός να ενσαρκωθεί στον Πέτρο έπρεπε πρώτα να ενσαρκωθεί ο Άγιος Ιωσήφ Μπακ Φονγκ στον Πέτρο για να τον βοηθήσει, γιατί ο Σατανάς του έκανε πολλές μαγείες.

Η παραλίγο σύγχρονη κιβωτός

Ο Θεός ήταν έτοιμος να καταστρέψει όλο τον κόσμο γιατί ο Σατανάς με τη βοήθεια του οργανωμένου εγκλήματος ήταν έτοιμος να επικρατήσει στην Ελλάδα αλλά και σε όλο τον κόσμο. Ο Θεός άλλαξε την απόψυή του μόνο όταν είδε ότι θα μπορούσε να ενσαρκωθεί στον Πέτρο.

Ο δάσκαλός μου πέθανε και με τον θάνατό του έσωσε όλο τον κόσμο. Ο Θεός είχε δώσει εντολή στον δάσκαλό μου, το 2003, να μαζέψει όσο πιο πολλά ζώα μπορούσε στο σπίτι του στην Κερατέα, Αττικής.

Το σπίτι του δασκάλου μου θα γινόταν η σύγχρονη κιβωτός. Ο δάσκαλός μου είχε μαζέψει πολλά ζώα που πάντα ήταν σε ζευγάρια. Όταν ρώταγαν τον δάσκαλό μου τι θα τα κάνει όλα αυτά τα ζώα εκείνος απαντούσε, «θέλω να κάνω μία κιβωτό». Κανένας άνθρωπος όμως, ούτε και εγώ, δεν είχε συνειδητοποιήσει το πραγματικό σχέδιο του Θεού.

Ο δάσκαλός μου δε θα πέθαινε τόσο γρήγορα για να μεταδώσει τις γνώσεις του και να καθοδηγήσει τα άτομα που θα επιζούσαν, στον καινούριο κύκλο ζωής πάνω στη γη.

Ο Θεός θέλει να πει στους ανθρώπους ότι χάρη σε αυτούς τους δύο ανθρώπους η βασιλεία του πάνω στη γη έχει αρχίσει να πραγματοποιείται. Οι καλοί άνθρωποι δεν πρέπει να φοβούνται, μόνο όσοι αδικούν, καταπιέζουν ή κάνουν μαγείες σε άλλους ανθρώπους πρέπει να φοβούνται και να μετανοήσουν, αν δε μετανοήσουν η τιμωρία του θα είναι άμεση και σκληρή.

Ο Πατήρ, ο Υιός και το Άγιο Πνεύμα

Ο Θεός θέλει μέσα από αυτό το βιβλίο να γνωρίσουν οι άνθρωποι καλύτερα τον Θεό. Να γνωρίσουν επίσης καλύτερα ποιος είναι ο Πατήρ, ο Υιός και το Άγιο Πνεύμα.

Ο Θεός είναι ο Πατέρας όλων των ανθρώπων γιατί τους έχει δημιουργήσει. Ο υιός είναι όλοι οι άνθρωποι σε όλη τη γη. Το Άγιο Πνεύμα είναι η σοφία και η γνώση του Θεού.

Θέλει όλοι οι άνθρωποι σε όλη τη γη να γνωρίσουν καλύτερα τον Θεό, δηλαδή τον Πατέρα τους. Επίσης, θέλει να γνωρίσουν περισσότερο τα αδέλφια τους που είναι όλοι οι άνθρωποι σε όλη τη γη. Θέλει επίσης να γνωρίσουν περισσότερο το Άγιο Πνεύμα που είναι η σοφία και η γνώση του Θεού.

Ο Θεός αγαπάει όλους τους ανθρώπους σε όλη τη γη γιατί είναι τα παιδιά του, χωρίς τα παιδιά δεν μπορεί να υπάρχει ούτε Πατέρας. Θέλει όλοι οι άνθρωποι σε όλη τη γη να τον θεωρούν Πατέρα τους, να ζητάνε στην προσευχή τους ό,τι χρειάζονται και ό,τι θέλουν και ο Θεός Πατέρας θα τους το δίνει. Δεν υπάρχει επιθυμία που ο Θεός Πατέρας δεν μπορεί να εκπληρώσει αρκεί να μην περιορίζει την ελευθερία των άλλων παιδιών του. Το βιβλίο αυτό που έδωσε στους ανθρώπους είναι η σοφία του και η αλήθεια του, είναι δηλαδή το Άγιο Πνεύμα. Αυτό το βιβλίο είναι το Ευαγγέλιο του Θεού γιατί το έχει υπαγορεύσει ο ίδιος. Θέλει όλοι οι άνθρωποι να τον αγαπούν και να τον πιστεύουν. Δε θα έδινε όλες αυτές τις υποσχέσεις που δίνει στους ανθρώπους αν δεν μπορούσε να τις κρατήσει.

Ούτε θα ζήταγε από τους ανθρώπους να του ζητήσουν ό,τι αποδείξεις θέλουν ότι αυτό το βιβλίο είναι από εκείνον. Ο Θεός αγαπάει αυτό το βιβλίο και θέλει να το αγαπήσουν και όλοι οι άνθρωποι σε όλη τη γη.

Πώς ο Θεός απελευθέρωσε τους Ισραηλίτες

Ο Θεός θέλει σε αυτό το βιβλίο να γράψει την αληθινή ιστορία, πώς βοήθησε τους Ισραηλίτες, να απελευθερωθούν από τη σκλαβιά των αρχαίων Αιγυπτίων που αναφέρεται στην Παλαιά Διαθήκη. Ο Μωυσής ήταν ένας σκλάβος μαζί με τους υπόλοιπους Ισραηλίτες. Οι αρχαίοι Αιγύπτιοι ήταν σκληροί με τους Ισραηλίτες. Μία ημέρα ένας φρουρός των Αιγυπτίων άρχισε να κτυπά τον Μωυσή για να δουλέψει πιο γρήγορα. Ο Μωυσής πάνω στον θυμό του χτύπησε και σκότωσε αυτό τον φρουρό. Μετά από αυτό, ο Μωυσής έφυγε κρυφά γιατί αν τον έπιαναν θα τον σκότωναν.

Ο Θεός συνάντησε τον Μωυσή στην έρημο όπου ζούσε μόνος του. Συγχώρεσε τον Μωυσή γι' αυτό που είχε κάνει και τον προετοίμασε για να ενσαρκωθεί σε αυτόν. Αφού ο Μωυσής πέρασε όλες τις δοκιμασίες του Θεού, ενσαρκώθηκε σε αυτόν. Μετά από μία περίοδο περίπου δέκα ετών, ο Μωυσής γύρισε πίσω στο στρατόπεδο των Αιγυπτίων με σκοπό να απελευθερώσει τους συμπατριώτες του, όπως του είχε υποσχεθεί ο Θεός.

Ο Θεός, που ήταν ενσαρκωμένος στον Μωυσή, άρχισε να κάνει θαύματα που τα έβλεπαν μόνο οι Ισραηλίτες με σκοπό να πιστέψουν οι Ισραηλίτες στη δύναμή του. Συγχρόνως τιμωρούσε τους Αιγύπτιους.

Οι Ισραηλίτες πίστεψαν στον Θεό και αποφάσισαν να τον ακολουθήσουν στο ταξίδι της ελευθερίας. Το ταξίδι αυτό κράτησε πέντε περίπου χρόνια.

Κατά τη διάρκεια του ταξιδιού αυτού οι Ισραηλίτες έτρωγαν τη σελινόρριζα, όπως τους είχε συμβουλέψει ο Θεός.

Γι' αυτό και είχαν πάρει αρκετές από αυτές τις ρίζες μαζί τους. Αυτή η ρίζα χρειάζεται ελάχιστο νερό για να μεγαλώσει και έτσι μπορούσαν να την καλλιεργούν και να την τρώνε κατά τη διάρκεια του ταξιδιού τους στην έρημο. Έπιναν επίσης νερό από ένα δοχείο που με τη βοήθεια του Θεού γέμιζε νερό από τον ήλιο.

Η Ερυθρά θάλασσα δεν άνοιξε για να περάσουν οι Ισραηλίτες αλλά με τη βοήθεια του Θεού περπάτησαν πάνω σε αυτήν για να περάσουν απέναντι.

Σε αυτή την περίπτωση ο Θεός έκανε το ίδιο θαύμα που έκανε και με τον Χριστό, όταν εκείνος περπάτησε πάνω στο νερό. Βοήθησε τόσο πολύ τους Ισραηλίτες γιατί τους λυπήθηκε, και γιατί οι Ισραηλίτες πίστεψαν στον Θεό.

Η διαφορά μεταξύ μίσους και θυμού

Ποτέ δεν πρέπει να κρίνουμε τους άλλους ανθρώπους, ακόμα και τον Σατανά. Ο Σατανάς κρίνει τους ανθρώπους και όσοι δεν πληρούν τα δικά του κριτήρια τους κάνει μαγείες και μερικές φορές σκλαβώνει τις ψυχές και τα άυλα σώματά τους, όταν πεθάνουν.

Ο Θεός δε θέλει να κρίνουμε τους ανθρώπους, θέλει να προσευχόμαστε και να ζητάμε τη βοήθειά του, αν ένα άτομο μας έχει αδικήσει με οποιονδήποτε τρόπο. Ο Θεός θα βοηθήσει εμάς αλλά και θα τιμωρήσει το άτομο που μας έχει κάνει κακό αν δει ότι πραγματικά έχουμε δίκιο.

Δε θέλει επίσης να έχουμε μίσος για κανέναν άνθρωπο. Μπορούμε να θυμώσουμε με ένα άτομο που μας έχει αδικήσει, μας καταπιέζει ή μας κάνει μαγείες, αλλά όχι να τον μισούμε. Το μίσος μάς κάνει πιο αδύναμους και πιο ευάλωτους στις επιθέσεις του Σατανά. Όποιος μισεί χάνει τη δύναμή του, την ικανότητά του να σκέφτεται καθαρά και την επαφή του με τον Θεό.

Η διαφορά μεταξύ μίσους και θυμού είναι τεράστια. Κάποιος που μισεί δεν μπορεί να συγχωρέσει, κάποιος που έχει θυμώσει μπορεί.

Κάποιος που μισεί δεν μπορεί να αγαπάει, ενώ κάποιος που είναι θυμωμένος μπορεί να αγαπάει.

Κάποιος που μισεί δεν μπορεί να χαρεί τη ζωή, κάποιος που είναι θυμωμένος μπορεί.

Κάποιος που μισεί δεν μπορεί να έχει επαφή με τον Θεό, κάποιος που είναι θυμωμένος μπορεί.

Ο Θεός δε θέλει οι άνθρωποι να έχουν μίσος, το μίσος είναι από τον Σατανά. Όταν μισούμε είμαστε με τον Σατανά. Ο Σατανάς θέλει οι άνθρωποι να έχουν μίσος για τους άλλους ανθρώπους γιατί τότε ξέρει ότι μπορεί να τους κάνει ό,τι θέλει. Δε θέλει οι άνθρωποι να έχουν μίσος γιατί τότε δεν μπορεί να τους βοηθήσει. Μόνο όταν έχουμε αγάπη μπορεί να μας βοηθήσει και όταν μισούμε δεν μπορούμε να έχουμε αγάπη.

Ο τέλειος Θεός

Ο Θεός είναι τέλειος. Ο άνθρωπος είναι δημιούργημά του και θέλει όλα τα δημιουργήματά του να είναι τέλεια. Ο άνθρωπος μπορεί να το πετύχει αυτό με την ένωση του με τον Θεό.

Ο τρόπος που ο άνθρωπος μπορεί να το πετύχει αυτό είναι η προσευχή. Η προσευχή είναι το Α και το Ω για την ένωσή μας με τον Θεό. Θέλει όλοι οι άνθρωποι να είναι ενωμένοι μαζί του, όλοι οι άνθρωποι να είναι τέλειοι.

Για να είναι ένας άνθρωπος τέλειος, δηλαδή ενωμένος μαζί του, πρέπει να είναι καλός και δίκαιος και να μην κάνει μαγείες. Πρέπει να προσεύχεται καθημερινά στον Θεό, πρέπει να ακολουθεί τις εντολές του που περιγράφονται σε αυτό το βιβλίο.

Πρέπει επίσης να είναι ταπεινός και έτοιμος να βοηθήσει τον συνάνθρωπό του, πρέπει να έχει μέσα του αγάπη, πρέπει να έχει συγχώρεση. Επίσης, πρέπει να αγαπάει τα παιδιά, πρέπει να έχει φιλότιμο, πρέπει να έχει αλήθεια, πρέπει να έχει δικαιοσύνη, πρέπει να έχει όλα αυτά μαζί για να μπορεί να είναι τέλειος.

Ο Θεός δε θέλει οι άνθρωποι να έχουν όλα αυτά καταπιέζοντας τον εαυτό τους, αλλά θέλει όλα αυτά να τους βγαίνουν αυθόρμητα γιατί θα ξέρουν ότι εάν έχουν όλα αυτά θα είναι προς το συμφέρον τους.

Ο Θεός βοηθάει τους ανθρώπους που έχουν όλα αυτά με πολλούς τρόπους. Οι τρόποι με τους οποίους βοηθάει τους ανθρώπους που έχουν όλα αυτά είναι δίνοντάς τους δύναμη, αγάπη, εσωτερική γαλήνη και καθαρό μυαλό.

Τους βοηθάει επίσης δίνοντας τους ό,τι του ζητήσουν στην προσευχή τους και ότι εκείνος κρίνει ότι χρειάζονται. Δε θέλει οι άνθρωποι να προσεύχονται όλη μέρα για να πετύχουν όλα αυτά, λίγα λεπτά της ώρας κάθε πρωί πριν ξεκινήσουμε για τη δουλειά μας αρκούν.

Αν ένα άτομο έχει όλα αυτά που περιγράψαμε, τότε έχει τέλεια ισορροπία. Η ισορροπία είναι το Α και το Ω για να πετύχουμε την ένωσή μας με τον Θεό. Η δικαιοσύνη είναι απαραίτητη για να έχουμε ισορροπία, όπως και η αγάπη. Θέλει όλοι οι άνθρωποι να έχουν δικαιοσύνη, αγάπη και ισορροπία γιατί τότε μπορεί να τους βοηθάει πιο πολύ.

Το «σπίτι» του Σατανά

Ο Θεός δε θέλει οι άνθρωποι να πηγαίνουν στο «σπίτι του Σατανά». Όταν οι άνθρωποι πηγαίνουν στο «σπίτι» του Σατανά, τότε ο Σατανάς μπορεί να τους κάνει ό,τι θέλει. Το «σπίτι» του Σατανά είναι τα καζίνο, τα μαγαζιά με ζωντανό ερωτικό σόου και οι οίκοι ανοχής. Όταν πάμε σε αυτά τα μαγαζιά ο Σατανάς, δηλαδή οι μάγοι και οι μάγισσες, μπορούν να μας κάνουν ό,τι θέλουν.

Ο Θεός δε θέλει οι άνθρωποι να παίζουν τυχερά παιχνίδια ούτε να βλέπουν ζωντανά ερωτικά σόου, ούτε να πληρώνουν για να κάνουν σεξ. Όταν κάνουμε αυτά είμαστε με τον Σατανά. Το σεξ με πληρωμή είναι ταπεινωτικό για τη γυναίκα που το κάνει αλλά και για τον άντρα. Το σεξ αυτό είναι από τον Σατανά γιατί δεν έχει αγάπη.

Όταν βλέπουμε ένα ζωντανό ερωτικό σόου ο Σατανάς μπορεί να μας κάνει πολλές μαγείες, μία από τις πιο σοβαρές μαγείες είναι με την ερωτική μας ζωή. Όταν παίζουμε τυχερά παιχνίδια ο Σατανάς μπορεί να μας κάνει πολλές μαγείες με τα χρήματα μας.

Δε θέλει επίσης να υπηρετούμε τον Σατανά. Οι άνθρωποι υπηρετούν τον Σατανά όταν φοράνε τα πιο ακριβά ρούχα, ή οδηγούν εξωφρενικά ακριβά αυτοκίνητα ή έχουν εξαιρετικά ακριβά σπίτια ή αντικείμενα ιδιαίτερης υψηλής αξίας. Όταν έχουμε αυτά τα πράγματα σημαίνει ότι μας ενδιαφέρει τι θα δείξουμε προς τα έξω και όχι τι έχουμε μέσα μας.

Δε θέλει να ενδιαφέρει τους ανθρώπους μόνο το έξω, θέλει να τους ενδιαφέρει η ψυχή τους. Αν κάποιος νοιάζεται μόνο για την εικόνα που θα δώσει προς τα έξω χάνει τη δύναμή του, και ο Σατανάς μπορεί να του κάνει πιο εύκολα κακό. Θέλει να μας ενδιαφέρει περισσότερο το μέσα, δηλαδή η ψυχή μας.

Άλλο ένα πράγμα που δε θέλει είναι να παίρνουμε από τον Σατανά χρήματα. Όταν παίρνουμε χρήματα από τον Σατανά αυτός μπορεί να πάρει την ψυχή μας.

Χρήματα από τον Σατανά παίρνουμε όταν λέμε ψέματα με σκοπό το κέρδος, χρήματα από τον Σατανά παίρνουμε όταν εξαπατούμε άλλους ανθρώπους, χρήματα από τον Σατανά παίρνουμε όταν καταπιέζουμε ή αδικούμε άλλους ανθρώπους.

Ο Θεός δε θέλει να κάνουμε αυτά τα κακά πράγματα. Όταν κάνουμε αυτά τα κακά πράγματα, τότε είμαστε με τον Σατανά.

Οι νόμοι του Θεού

Ο Θεός θέλει να έχει επαφή με τους ανθρώπους, θέλει να τους βοηθάει και με άμεσο τρόπο. Βοηθώντας τους ανθρώπους με άμεσο τρόπο νιώθει ικανοποίηση, πληρότητα και χαρά.

Η δουλειά του Θεού είναι να βοηθάει όλους τους ανθρώπους σε όλο τον κόσμο και αυτό το πετυχαίνει με τους νόμους τους οποίους έχει φτιάξει αλλά και την ερμηνεία αυτών των νόμων τους οποίους ο ίδιος θεσπίζει.

Αυτό κάνει και μέσα από αυτό το βιβλίο. Ό,τι γράφει θα είναι οι νόμοι που θα ισχύουν από εδώ και στο εξής. Ο Θεός προσέχει την κάθε φράση που γράφει μέσα σε αυτό το βιβλίο. Θέλει αυτό το βιβλίο να είναι το ευαγγέλιο του.

Όποιος παραβαίνει αυτούς τους νόμους θα έχει την τιμωρία που του αξίζει, ανάλογα με το πόσο σοβαρό είναι το παράπτωμά του. Ο Θεός δε χρειάζεται να κάνει τίποτα για να πετύχει όλα αυτά, γίνονται όλα αυτόματα με τους νόμους τους οποίους ο ίδιος έχει φτιάξει.

Ο Θεός ξέρει όλα όσα συμβαίνουν στον κόσμο, δεν είναι ανάγκη να τα δει στην τηλεόραση ή να τα ακούσει από το ραδιόφωνο. Ξέρει αυτά που κάνουν οι άνθρωποι φανερά αλλά και αυτά που κάνουν κρυφά, δηλαδή με μαγείες. Γι' αυτό μερικές φορές βλέπουμε κάποιους ανθρώπους να τους τιμωρεί χωρίς να έχουν κάνει τίποτα με φανερό τρόπο.

Όταν αποφασίζει να τιμωρήσει μια χώρα ή μία ομάδα ανθρώπων κάποιοι άνθρωποι που είναι αθώοι υποφέρουν ή σκοτώνονται. Ο Θεός στεναχωριέται πολύ και βοηθάει αυτούς τούς ανθρώπους να ξεπεράσουν τα προβλήματά τους ή τους στέλνει στον παράδεισο εάν πεθάνουν.

Ο Θεός δεν είναι κακός για να τιμωρεί κάποιους ανθρώπους χωρίς λόγο, όταν τιμωρεί κάποιους ανθρώπους ή κάποια χώρα είναι γιατί δεν μπορεί να κάνει διαφορετικά. Αν άφηνε αυτούς τους ανθρώπους να συνεχίσουν το έργο τους τότε αυτοί θα σκλάβωναν τις ψυχές και τα σώματα όλων των ανθρώπων σε αυτή τη χώρα.

Είναι προτιμότερο για έναν άνθρωπο να πεθάνει και να πάει στον παράδεισο, δηλαδή να ξαναγεννηθεί στη γη από το να σκλαβώσει ο Σατανάς την ψυχή και το άυλο σώμα αυτού του ανθρώπου. Όταν ο Σατανάς σκλαβώνει την ψυχή και το σώμα ενός ανθρώπου δεν είναι καθόλου ευχάριστο για το άτομο που έχει σκλαβωθεί. Ο Σατανάς μπορεί να βασανίζει αυτό το άτομο μέρα και νύχτα για να παίρνει όλη τη δύναμη από αυτό το άτομο και να τη χρησιμοποιεί όπως αυτός θέλει.

Γι' αυτό ο Θεός δε θα αφήσει ποτέ τον Σατανά να σκλαβώσει τις ψυχές και τα σώματα των ανθρώπων. Όλοι οι μάγοι που έχουν πεθάνει θα πάνε στην κόλαση, το ίδιο και όλοι όσοι θα πεθαίνουν από εδώ και στο εξής, θα πηγαίνουν κατευθείαν στην κόλαση.

Ο Σατανάς δε θα κυριαρχήσει πάνω στη γη, ούτε η αδικία, ούτε η καταπίεση. Ο Θεός θα φέρει τον παράδεισο πάνω στη γη. Ο παράδεισος μπορεί να έρθει μόνο εάν νικηθεί ο Σατανάς. Ο Σατανάς μπορεί να νικηθεί εάν οι άνθρωποι πιστέψουν αυτό το βιβλίο. Η αδικία, η καταπίεση, οι μαγείες θα σταματήσουν. Η δικαιοσύνη, η χαρά και η αγάπη θα επικρατήσουν πάνω στη γη.

Θέλει να βοηθήσει όλους τους ανθρώπους σε όλη τη γη. Η βοήθεια του θα είναι δίκαιη ανάλογα με τον βαθμό που οι άνθρωποι θα πιστέψουν αυτό το βιβλίο. Ο Θεός δε θέλει να βοηθάει τους ανθρώπους αν δεν το αξίζουν.

Αν βοηθούσε τους ανθρώπους χωρίς να το αξίζουν, τότε οι άνθρωποι δε θα ήξεραν πως να βελτιώσουν τον εαυτό τους. Εάν οι άνθρωποι σε κάποιο σημείο της γης ή σε μια ήπειρο δεν πιστέψουν αυτό το βιβλίο, τότε δε θα φέρει τον παράδεισο σε αυτό το κομμάτι της γης μέχρι οι άνθρωποι να πιστέψουν και εκεί.

Ο Θεός θα το κάνει αυτό όχι γιατί είναι κακός αλλά γιατί θέλει όλοι οι άνθρωποι να έχουν δικαιοσύνη, αγάπη και ισορροπία. Αν οι άνθρωποι έχουν τον παράδεισο χωρίς να έχουν αυτά τα τρία βασικά συστατικά, τότε ο παράδεισος θα είναι ψεύτικος. Ο Θεός δε θέλει τον ψεύτικο παράδεισο, θέλει τον αληθινό. Ο αληθινός παράδεισος έχει δικαιοσύνη, αγάπη και ισορροπία, έχει δικαίωμα στην έκφραση, έχει αλήθεια.

Η αλήθεια είναι κάτι που ο Θεός αγαπάει, χωρίς αλήθεια δεν υπάρχει παράδεισος. Θέλει όλοι οι άνθρωποι να έχουν αλήθεια. Χωρίς αλήθεια δεν μπορεί να υπάρξει δικαιοσύνη, ούτε αγάπη, ούτε ισορροπία. Η ισορροπία θέλει αλήθεια. Ο Θεός δε θα αποφάσιζε να γράψει αυτό το βιβλίο αν δεν ήθελε να πει την αλήθεια. Θέλει να πει την αλήθεια για να μην έχει τίποτα η Δευτέρα Παρουσία του που να μην είναι αλήθεια.

Ήθελε να πει την αλήθεια και στην Πρώτη Παρουσία του υπαγορεύοντας στον Χριστό πολλά βιβλία. Δεν πρόλαβε όμως γιατί ο Σατανάς σκότωσε τον Χριστό πριν προλάβει να γράψει αυτά τα βιβλία. Αυτή τη φορά έχει γράψει αυτό το βιβλίο που περιλαμβάνει έξι μικρότερα βιβλία. Θα κάνει πολλά θαύματα όπως και με τον Χριστό για να πιστέψουν οι άνθρωποι αυτό το βιβλίο.

Θα δώσει στους ανθρώπους ό,τι αποδείξεις του ζητήσουν. Δε θέλει όμως να κατηγορήσουν οι άνθρωποι αυτό το βιβλίο πριν ζητήσουν αποδείξεις από τον Θεό. Αν οι άνθρωποι πιστέψουν αυτό το βιβλίο και ακολουθούν τους βασικούς νόμους, τότε ο Θεός θα τους δώσει όλα όσα χρειάζονται για να είναι ευτυχισμένοι.

Η κόλαση, το καθαρτήριο και ο παράδεισος

Ο Θεός μέσα από αυτό το βιβλίο θέλει να κάνει ένα δώρο σε όλους τους ανθρώπους στη γη. Το δώρο του είναι να μάθουν οι άνθρωποι που είναι η κόλαση. Η κόλαση είναι στο φεγγάρι. Το φεγγάρι είναι ένας τόπος χωρίς καθόλου ζωή. Την ημέρα έχει πολλή ζέστη και το βράδυ πολύ κρύο. Οι ψυχές μαζί με το άυλο σώμα που είναι εκεί ζεσταίνονται πολύ την ημέρα και κρυώνουν τη νύχτα.

Φίλοι δεν υπάρχουν γιατί η κάθε ψυχή είναι απομονωμένη από τις άλλες ψυχές. Υπάρχουν μεγάλα πουλιά που τσιμπάνε αυτούς τους ανθρώπους και σκυλιά που τους δαγκώνουν. Όλα αυτά είναι άυλα και κανείς δεν μπορεί να τα δει ακόμα και με τα πιο σύγχρονα μηχανήματα.

Ο Θεός δε λέει όλα αυτά στους ανθρώπους για να τους φοβίσει αλλά θέλει να ξέρουν την αλήθεια. Οι μάγοι και οι μάγισσες μέχρι τώρα απέφευγαν την κόλαση με μαγείες που έκαναν πριν τον θάνατό τους και έτσι είχαν την εντύπωση ότι η κόλαση δεν υπάρχει.

Η κόλαση όμως υπάρχει και όλοι οι μάγοι και οι μάγισσες θα πηγαίνουν εκεί μετά τον θάνατό τους εάν δε μετανοήσουν. Ο Θεός μέχρι τώρα επέτρεπε στους μάγους και τις μάγισσες να αποφεύγουν την κόλαση για να δουν οι άνθρωποι τη διαφορά μεταξύ του καλού και του κακού, από εδώ και στο εξής όμως δε θα το επιτρέπει αυτό.

Δε θα επιτρέψει ποτέ στους ανθρώπους που είναι στο φεγγάρι να φύγουν από εκεί, γιατί εάν φύγουν η γη θα κινδυνεύει. Οι άνθρωποι εκεί είναι τόσο κακοί που αν έφευγαν θα σκλάβωναν όλη τη γη. Ο Θεός θέλει να καταργήσει την κόλαση αλλά αυτό θα συμβεί μετά από χιλιάδες χρόνια. Θέλει επίσης να καταργήσει και το καθαρτήριο αλλά αυτό θα συμβεί μετά από χιλιάδες χρόνια.

Θέλει όλοι οι άνθρωποι να πηγαίνουν στον παράδεισο δηλαδή να επιστρέφουν στη γη για να ζήσουν μία καινούρια ζωή. Ο παράδεισος είναι η γη, εδώ υπάρχουν οι κλιματικές συνθήκες για να ζήσουν οι άνθρωποι και να είναι ευτυχισμένοι.

Μέσα από αυτό το βιβλίο θέλει να κάνει άλλο ένα μεγάλο δώρο στους ανθρώπους, θέλει να τους αποκαλύψει πού είναι το καθαρτήριο. Το καθαρτήριο είναι στον Κρόνο. Στον Κρόνο οι άνθρωποι δεν κρυώνουν ούτε ζεσταίνονται όπως στο φεγγάρι. Η διαφορά μεταξύ του Κρόνου και του φεγγαριού είναι τεράστια.

Στο φεγγάρι οι ψυχές μένουν για πάντα εκεί, στον Κρόνο επιστρέφουν στη γη μετά από πέντε έως δέκα χρόνια. Στο Φεγγάρι δεν υπάρχει καθόλου επικοινωνία μεταξύ των ανθρώπων στον Κρόνο υπάρχει. Επίσης, στο φεγγάρι έχει πολύ κρύο το βράδυ και πολλή ζέστη την ημέρα. Στον Κρόνο οι κλιματολογικές συνθήκες είναι γενικά πολύ καλύτερες. Στο φεγγάρι δεν υπάρχει έλεος για τους ανθρώπους, στον Κρόνο υπάρχει.

Ο παράδεισος είναι η γη. Ο Θεός θέλει να βοηθήσει τους ανθρώπους να ζήσουν τον παράδεισο πάνω στη γη. Θέλει να τους βοηθήσει να ζήσουν με δικαιοσύνη, αγάπη και ισορροπία. Εάν η γη αποκτήσει δικαιοσύνη, αγάπη και ισορροπία, τότε θα έχει τον παράδεισο όπως έχουν και οι άλλοι δύο πλανήτες που κατοικούνται από ανθρώπους.

Θα δώσει στους ανθρώπους στη γη όλες τις γνώσεις που έχει δώσει και στους ανθρώπους που κατοικούν στους άλλους δύο πλανήτες. Θα τους βοηθήσει να ξεπεράσουν όλα τα προβλήματα αρκεί και ο άνθρωποι να μην παραβαίνουν τους νόμους του Θεού.

Πώς να θεραπεύσετε τα ψυχικά τραύματα

Ο Θεός θέλει να δώσει έναν τρόπο στους ανθρώπους για να μπορούν να θεραπεύουν τα ψυχικά τραύματα του παρελθόντος. Αυτό μπορεί να γίνει με τη βοήθειά του. Το άτομο που έχει ένα ψυχικό τραύμα θα πρέπει να προσεύχεται στον Θεό και να ζητάει τη βοήθειά του για αυτό το θέμα. Ο Θεός θα βοηθάει αυτό το άτομο αν είναι καλό και δίκαιο και δεν κάνει μαγείες.

Ο τρόπος που θα βοηθάει αυτό το άτομο είναι μέσα από ένα όνειρο που θα του στέλνει. Οι άνθρωποι θα ξέρουν πότε έχουν ξεπεράσει ένα ψυχικό τραύμα, όταν δε θα έχουν μίσος για το άτομο που τους έχει βλάψει αλλά ούτε και θυμό. Θα εμπιστεύονται τον Θεό για να αποδώσει δικαιοσύνη γι' αυτό που τους έχουν κάνει και δε θα θέλουν να ανταποδώσουν το κακό.

Οι φυσικές καταστροφές

Ο Θεός θέλει να φέρει τον παράδεισο στη γη, η γη είναι δημιούργημα του Θεού το ίδιο και ο άνθρωπος και τα α- γαπάει πολύ. Αν δεν αγαπούσε τη γη θα την είχε κατα- στρέψει. Αγαπάει τη γη γιατί είναι τέλεια όπως όλα τα δημιουργήματά του. Η γη έχει φτιαχτεί από τον Θεό για να είναι τέλεια.

Οι άνθρωποι καταστρέφουν τη γη με τις πυρηνικές δοκι- μές, με τα χημικά λιπάσματα και τις μαγείες. Οι πυρηνικές δοκιμές καταστρέφουν τη γη γιατί έχουν ραδιενέργεια που είναι επιβλαβής για το περιβάλλον και τον άνθρωπο. Τα χημικά λιπάσματα καταστρέφουν το χώμα και το νερό και οι μαγείες αναγκάζουν τον Θεό να κάνει φυσικές καταστροφές για να πολεμήσει τον Σατανά.

Αν δεν έκανε αυτές τις φυσικές καταστροφές ο Σατανάς θα είχε κυριαρχήσει στη γη πριν από πολύ καιρό.

Αναγκάζεται να κάνει σεισμούς, πλημμύρες, ξηρασίες, ανεμοστρόβιλους για να πολεμήσει τον Σατανά, ο Σατανάς όμως δε σταματάει. Ο Θεός θα τιμωρήσει πολύ σκληρά τον Σατανά εάν δε σταματήσει να κάνει μαγείες και να καταστρέφει τη ζωή χιλιάδων ανθρώπων.

Όταν ο Θεός προσπαθεί να τιμωρήσει κάποιους ανθρώπους για τα κακά πράγματα που κάνουν, ορισμένες άλλες περιοχές της γης ενδέχεται να υποφέρουν από μια φυσική καταστροφή. Αυτό συμβαίνει επειδή όλα τα μέρη της γης συνδέονται και αλληλοεπιδρούν μεταξύ τους.

Ο Θεός πάντα λυπάται όταν βλέπει αθώους ανθρώπους να υποφέρουν από φυσικές καταστροφές, αλλά δεν μπορεί να αφήσει τους κακούς ανθρώπους να κατακτήσουν τη γη. Αυτός είναι ένας άλλος λόγος που θέλει να φέρει τον Παράδεισο στη γη το συντομότερο δυνατό, έτσι ώστε όλες οι φυσικές καταστροφές να σταματήσουν.

Το φιλότιμο

Για να υπάρχει δικαιοσύνη, αγάπη και ισορροπία πρέπει να υπάρχει φιλότιμο. Το φιλότιμο είναι κάτι που ο Θεός αγαπάει. Το φιλότιμο είναι ένα συστατικό του Παραδείσου.

Ο παράδεισος θέλει ανθρώπους με φιλότιμο για να εργάζονται ενώ έχουν όλα τα απαραίτητα για την επιβίωσή τους. Να έχουν τα απαραίτητα αλλά να θέλουν καλύτερη ποιότητα ζωής. Να έχουν καλύτερη ποιότητα ζωής αλλά να θέλουν το ίδιο και για τους συνανθρώπους τους.

Ο Θεός αγαπάει τους ανθρώπους που έχουν φιλότιμο γιατί ξέρει ότι αυτοί οι άνθρωποι μπορούν να πάνε στον παράδεισο, δηλαδή να ξαναγεννηθούν στη γη χωρίς πρώτα να πρέπει να περάσουν από το καθαρτήριο. Όταν ένας άνθρωπος ξαναγεννιέται στη γη χωρίς πρώτα να πρέπει να περάσει από το καθαρτήριο έχει προνόμια.

Τα προνόμια που δίνει σε αυτά τα άτομα είναι πολλά. Ένα προνόμιο είναι ότι διαλέγει μια οικογένεια καλή για να τα στείλει, άλλο προνόμιο είναι ότι έχουν την καθοδήγηση του στη ζωή τους, άλλο προνόμιο είναι ότι τους δίνει πιο πολλή σοφία.

Αυτά τα προνόμια που δίνει στα άτομα αυτά μπορεί να τα χάσουν αν δεν είναι καλοί και δίκαιοι. Ή μπορεί να τα αυξήσουν αν είναι καλά άτομα.

Το περιβάλλον

Άλλο ένα θέμα που θέλει να μιλήσει είναι το περιβάλλον. Το περιβάλλον πρέπει να προστατευθεί. Οι άνθρωποι πρέπει να σέβονται το περιβάλλον και να μην το μολύνουν με χημικά ή πυρηνικά απόβλητα. Η κάθε χώρα πρέπει να σέβεται το περιβάλλον και να κάνει ό,τι είναι δυνατόν για να το προστατεύσει. Ο Θεός θα τιμωρεί τις χώρες που δε σέβονται το περιβάλλον, το ίδιο θα κάνει και με τους ανθρώπους ή τις επιχειρήσεις που δε σέβονται το περιβάλλον.

Θα δώσει γνώσεις για να ξεπεράσουν οι άνθρωποι προβλήματα που έχουν σχέση με το περιβάλλον. Μία από αυτές τις γνώσεις είναι η εφεύρεση που θα δώσει σε όλους τους ανθρώπους στη γη για να έχουν δωρεάν ηλεκτρική ενέργεια με τη δύναμη της βαρύτητας.

Άλλη γνώση που θα δώσει στους ανθρώπους είναι να μπορούν να πετούν με το ειδικό κέλυφος και να πηγαίνουν σε όποιο σημείο της γης θέλουν με τη δύναμη της μαγνητικής έλξης. Ο Θεός θα φτιάξει αυτή την εφεύρεση σύντομα. Αυτή η εφεύρεση θα γίνει πραγματικότητα για τη γη και όλοι οι άνθρωποι θα μπορούν να τη χρησιμοποιούν.

Άλλη γνώση που θέλει να δώσει στους ανθρώπους είναι η δυνατότητα να καθαρίζουν μια περιοχή που έχει μολυνθεί από πυρηνική ενέργεια μετά από ένα πυρηνικό ατύχημα, με αποτελεσματικότητα αλλά και με πολύ λίγα χρήματα. Ο τρόπος που μπορούμε να το κάνουμε αυτό είναι να βρέξουμε αυτή την περιοχή με νερό και από πάνω μετά να ρίξουμε αλάτι. Η αναλογία του αλατιού πρέπει να είναι όσο αλάτι θα ρίχναμε στο φαγητό μας. Αφήνουμε αυτό το αλάτι για δέκα ημέρες και μετά ξεπλένουμε με νερό. Αυτή η μέθοδος μπορεί να επαναληφθεί μέχρι να καθαρίσει τελείως η περιοχή.

Άλλη γνώση που θέλει να δώσει είναι να έχουμε παντού σε όλη τη γη ιδανικό κλίμα. Αυτό μπορεί να το πετύχει φτιάχνοντας ένα δεύτερο ήλιο για τη γη.

Αυτός ο δεύτερος ήλιος θα δίνει φως αλλά και δροσιά όταν θα χρειάζεται. Με αυτό τον τρόπο ο Θεός θα καταφέρει να υπάρχει παντού ηλιοφάνεια σε όλη τη γη κατά τη διάρκεια της ημέρας. Όλοι οι πάγοι θα λιώσουν στη γη χωρίς να εξαφανιστεί ούτε μια σπιθαμή γης. Ο Θεός θα διατηρεί τη θερμοκρασία της γης περίπου στους 25 βαθμούς Κελσίου.

Αυτή η θερμοκρασία είναι ιδανική για τους ανθρώπους. Η φύση θα συνεχίσει να λειτουργεί όπως λειτουργεί τώρα. Τα δέντρα θα ανθίζουν και θα ρίχνουν τα φύλλα τους την κατάλληλη περίοδο. Οι μεγάλες δασικές πυρκαγιές θα σταματήσουν γιατί δε θα υπάρχουν οι πολύ υψηλές θερμοκρασίες και οι δυνατοί άνεμοι. Ο Θεός θέλει να φέρει τον παράδεισο στη γη και παράδεισος χωρίς ιδανικό κλίμα δεν μπορεί να υπάρξει.

Θέλει επίσης να βοηθήσει τους ανθρώπους και με άλλους τρόπους. Θέλει να τους δώσει όλη τη γνώση που έχει και ο Θεός για θέματα, όπως τα μαθηματικά και η μελέτη του σύμπαντος.

Από τα χρήματα που θα εξοικονομηθούν από αυτές τις γνώσεις θέλει να βοηθηθούν οι άνθρωποι που έχουν περισσότερη ανάγκη. Ποτέ αυτές οι γνώσεις δεν πρέπει να χρησιμοποιηθούν για στρατιωτικούς σκοπούς. Θέλει οι γνώσεις αυτές να χρησιμοποιηθούν με δικαιοσύνη, αγάπη και ισορροπία.

Άλλο ένα θέμα που θέλει να μιλήσει είναι το θέμα της εκμετάλλευσης της γης. Η γη είναι έτσι φτιαγμένη από τον

Θεό που μπορεί να μας δώσει τα πάντα, αρκεί να μην την καταστρέφουμε με φυτοφάρμακα και χημικά ή πυρηνικά απόβλητα. Οι άνθρωποι πρέπει να χρησιμοποιούν φυσικά λιπάσματα για την καλλιέργεια της γης.

Ο Θεός και ο Χριστός: Η Αληθινή Ιστορία του Χριστού

Ο Θεός αποφάσισε να πει στους ανθρώπους την ιστορία του Χριστού. Ο Χριστός γεννήθηκε σε μία πόλη που ήταν δίπλα στη θάλασσα, κοντά στο Ασκελόν, Ισραήλ. Ο Θεός μετά από τόσα χρόνια δε θυμάται το όνομα αυτής της πόλης, ούτε και η Παναγία ή ο Χριστός. Εκεί ήταν η πόλη που ζούσε με τη μητέρα του και τον πατέρα του για όλη του τη ζωή.

Ο Θεός ήταν ενσαρκωμένος στον πατέρα του όταν γεννήθηκε ο Χριστός. Ο Χριστός ήταν ένα φυσιολογικό παιδί πού του άρεσε να παίζει με τα άλλα παιδιά, του άρεσε επίσης και το σχολείο. Ο Χριστός πήγε μέχρι την έκτη τάξη δημοτικού. Τότε δε χρειαζόταν να πάνε τα παιδιά πιο πολύ στο σχολείο, μόνο τα πολύ πλούσια παιδιά συνέχιζαν το σχολείο.

Ο πατέρας του Ιησού θεράπευε τους ανθρώπους με το μασάζ και με διάφορα βότανα. Ο Θεός ήταν ενσαρκωμένος στον πατέρα του Ιησού και τον βοηθούσε στις θεραπείες που έκανε. Ο μικρός Ιησούς βοηθούσε τον μπαμπά του από πολύ μικρή ηλικία. Η μητέρα του, η Παναγία βοηθούσε την οικογένεια πλέκοντας κάλτσες και μπλούζες. Ο Χριστός είχε μία μικρότερη αδελφή. Το όνομα της αδελφής του Χριστού ήταν Μαρία.

Ο Θεός αγαπούσε πολύ τον Χριστό και τον βοηθούσε από μικρό. Ο Χριστός με τη βοήθεια του Θεού προχώρησε πολύ και έγινε έτοιμος να ενσαρκωθεί ο Θεός σε αυτόν. Όταν ο πατέρας του Χριστού δεν μπορούσε άλλο να δουλέψει γιατί ήταν πολύ μεγάλος, ο Θεός ενσαρκώθηκε στον Χριστό. Ο Χριστός ήταν πάντα υπάκουος στο Θεό, ποτέ δεν τον δυσαρέστησε και έκανε πάντα το θέλημά του.

Άρχισε να κάνει τα θαύματα με τη βοήθεια του Θεού σε ηλικία είκοσι τριών ετών, δύο χρόνια μετά την ενσάρκωση του Θεού σε αυτόν. Ο Χριστός έκανε πολλά θαύματα με τη βοήθειά του. Θεράπευσε τυφλούς, ανάστησε τον Λάζαρο, έκανε καλά παράλυτους, έβγαλε δαιμόνια από τους ανθρώπους. Τάισε πολλούς ανθρώπους με το λίγο φαγητό πού είχε, περπάτησε πάνω στο νερό, έκανε καλά ανθρώπους με σοβαρές ψυχικές ασθένειες.

Ο κόσμος τον αγαπούσε και τον θαύμαζε. Υπήρχαν όμως και μερικοί άνθρωποι που δεν τούς άρεσαν τα θαύματα που έκανε ο Χριστός. Αυτοί οι άνθρωποι ήταν οι μάγοι και οι μάγισσες.

Η εκκλησία ήταν πολύ επιφυλακτική απέναντι στα θαύματα που έκανε ο Χριστός γιατί δεν ήξερε ότι τα θαύματα μπορεί να τα κάνει μόνο ο Θεός και ποτέ ο Σατανάς.

Η ζωή του Χριστού κυλούσε χωρίς προβλήματα κάνοντας τα θαύματα και ασκώντας το επάγγελμα του ψαρά για να ζήσει. Ο Θεός βοηθούσε τον Χριστό να πιάνει πολλά ψάρια και έτσι δε χρειαζόταν να δουλεύει ως θεραπευτής.

Ο Χριστός αμέσως είχε πολλούς μαθητές και άρχισε να τους διδάσκει αυτά που του υπαγόρευε ο Θεός. Ανάμεσα από τούς μαθητές του ξεχώρισε επτά και άρχισε να κάνει μαθήματα μόνο σε αυτούς. Οι μαθητές που ήταν μαζί με τον Χριστό ήταν ο Πέτρος, ο Ματθαίος, ο Ιωάννης, ο Μάρκος, ο Παύλος, ο Ιάκωβος και ο Τιμόθεος.

Όλοι οι μαθητές του ασκούσαν το επάγγελμα του ψαρά. Ο Χριστός πήγαινε συχνά στην Ιερουσαλήμ, και από εκεί σε άλλες κοντινές πόλεις μαζί με τούς μαθητές του για να κάνει θαύματα. Τρία χρόνια μετά την έναρξη των θαυμάτων κατηγορήθηκε άδικα από τον Σατανά και τον σταύρωσαν.

Ο Θεός μετά τον θάνατο του Χριστού αναγκάστηκε να πάει στην Ασία, όπου έμεινε αρκετά χρόνια κοντά σ' έναν θεραπευτή, τον προετοίμασε, και μπόρεσε να ενσαρκωθεί σε αυτόν.

Ο Θεός ενσαρκώνεται σε διάφορους ανθρώπους, από την αρχή της δημιουργίας του κόσμου. Πρώτον, γιατί θέλει να ζει όλες τις δυσκολίες που αντιμετωπίζει ένας απλός άνθρωπος, δεύτερον, για να βοηθάει τους ανθρώπους και με άμεσο τρόπο και τρίτον, γιατί αν δεν ενσαρκωνόταν σε κάποιο άνθρωπο θα ένιωθε μοναξιά και απογοήτευση.

Ο Θεός θέλει να βοηθάει πάντα τους ανθρώπους και με άμεσο τρόπο, γιατί δε χρειάζεται να κάνει τίποτα για να βοηθάει τους ανθρώπους σε όλο τον κόσμο. Γίνονται όλα με τούς νόμους που έχει φτιάξει ο ίδιος, αυτόματα.

Μόνο σε εξαιρετικές περιπτώσεις βγαίνει από το σώμα του ανθρώπου που έχει ενσαρκωθεί, για να βοηθήσει ή να τιμωρήσει κάποιους ανθρώπους όταν οι νόμοι του δεν επαρκούν για μια συγκεκριμένη περίπτωση.

Ο Θεός είναι αγάπη γι' αυτό του αρέσει να αγαπάει τους ανθρώπους και να τον αγαπούν. Θέλει να έχει όλη την αγάπη του κόσμου, γι' αυτό και τους βοηθάει τόσο πολύ. Δε θέλει να παίρνει την ενέργεια από τούς ανθρώπους, θέλει να τούς δίνει την ενέργειά του, δε θέλει να παίρνει την αγάπη του κόσμου, θέλει να τούς δίνει την αγάπη του, δε θέλει να έχει υπηρέτες, θέλει να υπηρετεί.

Θέλει οι άνθρωποι να τον αγαπούν, για να μπορεί να τους βοηθάει, θέλει να τον σέβονται, για να μπορεί να τους σέβεται και αυτός. Θέλει να προσεύχονται σε αυτόν, για να μπορεί να τούς βοηθάει.

Όλες οι ενσαρκώσεις του Θεού ήταν κρυφές, εκτός από του Χριστού, και τώρα του Πέτρου όπως έχει προαναφερθεί. Ο Θεός αποφάσισε να κάνει γνωστή την ενσάρκωση του στον Χριστό για να διδάξει στους ανθρώπους πως πρέπει να συμπεριφέρονται στους συνανθρώπους τους, και με την ενσάρκωση του στον Πέτρο να φέρει τον παράδεισο στη γη.

Ο Θεός ήθελε να κάνει ακόμα πιο πολλά θαύματα με τον Χριστό και να διδάξει ακόμα πιο πολλά πράγματα στους ανθρώπους, ο Σατανάς όμως δεν τον άφησε να ολοκληρώσει το έργο του.

Ο Σατανάς δεν τον νίκησε. Ο Θεός, αποκατέστησε το ό-νομα του Ιησού και έφτιαξε μία καινούργια θρησκεία, τον Χριστιανισμό. Θέλει να πει στους ανθρώπους ότι ο Σατανάς δε θα τον σταματήσει δεύτερη φορά, και ότι θα φέρει τον παράδεισο στη γη που τους έχει υποσχεθεί. Θα φέρει τον παράδεισο στη γη, διαφορετικά, ο Σατανάς θα έφερνε την κόλαση στη γη.

Ο Θεός θέλει δικαιοσύνη, αγάπη και ισορροπία. Η ισορ-ροπία είναι βασικό συστατικό του παράδεισου. Για να υ-πάρχει ισορροπία πρέπει οπωσδήποτε να υπάρχει δικαιο-σύνη και αγάπη. Ο Θεός δε θέλει δικαιοσύνη για τούς λίγους, αλλά για όλους τούς ανθρώπους, το ίδιο ισχύει και για την αγάπη.

Η δικαιοσύνη έχει δύο πλευρές, τη δικαιοσύνη του ατόμου και τη δικαιοσύνη της κοινωνίας. Η δικαιοσύνη της κοινωνίας εξαρτάται από τη δικαιοσύνη του ατόμου, και αντίστροφα.

Η αγάπη έχει και αυτή δύο πλευρές, την αγάπη του ατόμου και την αγάπη της κοινωνίας. Η αγάπη της κοινωνίας εξαρτάται από την αγάπη του ατόμου, και αντίστροφα.

Η ισορροπία έχει και αυτή δύο πλευρές, την ισορροπία του ατόμου και την ισορροπία της κοινωνίας. Η ισορροπία της κοινωνίας εξαρτάται από την ισορροπία του ατόμου, και αντίστροφα.

Η σταύρωση του Χριστού

Ο Θεός θέλει όλοι οι άνθρωποι να μάθουν την ιστορία του Χριστού, για να μην επαναλάβουν τα ίδια λάθη. Αν οι άνθρωποι επαναλάβουν τα ίδια λάθη, τότε θα καταστρέψει όλη τη γη. Ο Χριστός πέθανε γιατί τον κατηγόρησαν άδικα.

Ο Πέτρος που ήταν μαθητής του Χριστού πήγε να αγοράσει μία καμήλα και ο καμηλιέρης του πούλησε μία μεγάλη σε ηλικία καμήλα. Ο Πέτρος όταν είδε ότι η καμήλα που του είχαν πουλήσει ήταν μεγάλη, πήγε στον καμηλιέρη και του ζήτησε να του δώσει μία άλλη καμήλα. Ο καμηλιέρης αρνήθηκε και ο Πέτρος πάνω στον θυμό του τον έβρισε. Ο Σατανάς τότε έκανε πολλές μαγείες στον καμηλιέρη και όλοι νόμιζαν πως τις μαγείες τις είχε κάνει ο Χριστός επειδή ήταν δάσκαλος του Πέτρου.

Ο Χριστός έμαθε ότι τον είχαν κατηγορήσει για τις μαγείες που είχαν κάνει οι μάγοι και οι μάγισσες στον καμηλιέρη και ότι το πρωί της επόμενης μέρας θα έρχονταν να τον συλλάβουν. Ο λόγος που δεν ήρθαν να τον συλλάβουν την ίδια ημέρα είναι γιατί ήταν Σάββατο. Ο Χριστός ήθελε να αποδείξει ότι ήταν αθώος αλλά κανείς δεν τον πίστεψε.

Ο Θεός είπε στον Χριστό να μη φοβάται και ότι θα τον προστάτευε. Του είπε να ειδοποιήσει τούς μαθητές του και να συναντηθούν στο σπίτι του Ιωάννη, όπου θα του έλεγε τι να κάνει.

Όταν ο Χριστός συναντήθηκε με τούς μαθητές του αγκαλιάστηκαν και έκλαιγαν. Ο Θεός είπε στο Χριστό να ετοιμάσει το ψωμί και το κρασί και να πει τα λόγια που είπε ο Χριστός δίνοντας το ψωμί και το κρασί στους μαθητές του. Εκείνος, έκανε ότι του είπε ο Θεός, και αμέσως μετά όλοι έφυγαν και πήγαν στα σπίτια τους.

Ο Θεός ήθελε να προστατέψει τον Χριστό, αλλά οι άνθρωποι θα νόμιζαν ότι ο Χριστός ήταν η ενσάρκωση του Σατανά και θα τον κατηγορούσαν διπλά. Λυπήθηκε για τον θάνατο του Χριστού, αλλά και θύμωσε με τούς ανθρώπους που τον κατηγόρησαν άδικα.

Ο Χριστός εξετάστηκε από μία μικρή ομάδα ανθρώπων και αποφάσισαν τη σταύρωση του. Αμέσως μετά την απόφαση, πήραν τον Χριστό για να τον σταυρώσουν.

Ο Χριστός ποτέ δεν πέρασε από ένα κανονικό δικαστήριο, η εξέτασή του ήταν σύντομη και προκατειλημμένη. Η σταύρωση ήταν ο πιο σκληρός τρόπος θανάτου και προοριζόταν μόνο για άτομα που είχαν σκοτώσει άλλους ανθρώπους.

Ο Χριστός αναγκάστηκε να κουβαλήσει τον σταυρό του μέχρι τον τόπο του μαρτυρίου, στον δρόμο τον μαστίγωναν, τον έβριζαν και τον έφτυναν. Του έβαλαν στο κεφάλι ένα στεφάνι από σύρμα, που εξείχαν κοφτερά άκρα για να τον τρυπάνε, του έβαλαν ένα μανδύα πορτοκαλί, και μία ταμπέλα που έγραφε «Ιησούς ο βασιλιάς». Του έδιναν να πιει ξύδι και του έβαζαν και στις πληγές που είχε στην πλάτη και στο κεφάλι. Τα πόδια του ήταν ξυπόλητα και γεμάτα αίματα από τις κοφτερές πέτρες.

Όταν έφτασε στο τόπο του μαρτυρίου, τον ξάπλωσαν πάνω στον σταυρό, πού από πριν είχαν βάλει καρφιά για να τον τρυπούν και στην πλάτη. Του έβαλαν καρφιά σε όλο το μήκος των χεριών μέχρι και τους ώμους. Το ίδιο έκαναν και στα πόδια, του έβαλαν πολλά καρφιά μέχρι και τους μηρούς. Κατόπιν, του έσπασαν τα δόντια, δίνοντάς του με ένα ξύλο που στην άκρη είχαν δέσει ένα σφουγγάρι να πιει ξύδι. Όταν σήκωσαν το σταυρό, του έβαζαν ξύδι στις πληγές του, τον έβριζαν και τον χτύπαγαν με ένα μεγάλο ξύλο για να πεθάνει.

Ο Χριστός ποτέ δε ζήτησε από τον Θεό να συγχωρέσει τούς ανθρώπους που έκαναν αυτό, γιατί ήταν σίγουρος ότι θα τους τιμωρούσε. Ο Θεός τιμώρησε πολύ σκληρά όλους όσους ήταν υπεύθυνοι για αυτό που του έκαναν.

Ο Χριστός μετά τον θάνατό του έγινε Άγιος, και είναι ενωμένος μέχρι σήμερα με τον Θεό για να τον βοηθάει στο έργο του. Ο Θεός θέλει να πει στους ανθρώπους να μην επαναλάβουν το ίδιο λάθος που έκαναν με τον Χριστό. Γιατί πρώτον, δε θα τούς αφήσει, και δεύτερον, θα τούς τιμωρήσει σκληρά.

Θέλει να πει στους ανθρώπους ότι αυτή τη φορά δε θα είναι όπως ήταν με τον Χριστό που η ζωή συνεχίστηκε κανονικά μετά τον θάνατό του. Αυτή τη φορά θα κατα-στρέψει όλο τον κόσμο, γιατί δε θα μπορεί να φέρει μόνος του τον παράδεισο επί της γης.

Θέλει επίσης να πει στους ανθρώπους ότι ο παράδεισος είναι πολύ κοντά, όπως και η καταστροφή της γης. Εάν οι άνθρωποι πιστέψουν αυτό το βιβλίο, ο παράδεισος θα είναι εδώ, εάν το απορρίψουν, αγνοώντας τις αποδείξεις του Θεού, τότε ο Σατανάς θα επικρατήσει στη γη. Εάν ο Σατανάς επικρατήσει στη γη, θα αναγκαστεί να καταστρέψει όλη τη γη. Ο Θεός δε θέλει να καταστρέψει όλη τη γη, θέλει να τη σώσει.

Ο Σατανάς είναι έτοιμος να επιβάλει την κόλαση στη γη και εάν δεν ήταν ο Θεός, θα το είχε ήδη πετύχει. Δε θα αφήσει ποτέ τον Σατανά να επιβάλει την κόλαση στη γη. Ο Θεός θέλει να φέρει τον παράδεισο στη γη, ενώ ο Σατανάς την κόλαση. Ο Σατανάς θέλει να κάνει τη ζωή στη γη μία κόλαση. Θέλει να σκλαβώσει όλο τον πλανήτη, να σκλαβώσει τις ψυχές και τα σώματα των ανθρώπων όταν πεθαίνουν, για να έχει αυτός περισσότερη δύναμη.

Ο Θεός θέλει ειρήνη, αγάπη και δικαιοσύνη. Ο Σατανάς θέλει την αδικία, το μίσος, την πλεονεξία και έχει ανάγκη να ελέγχει τους πάντες και τα πάντα. Ο Σατανάς θέλει να ελέγχει τα πάντα, γιατί θέλει να εξουσιάζει τους ανθρώπους και να τούς κάνει ό,τι θέλει. Ο Θεός θέλει οι άνθρωποι να είναι ελεύθεροι να κάνουν ό,τι θέλουν, αρκεί να μην περιορίζουν την ελευθερία των άλλων ανθρώπων.

Ο Σατανάς θέλει να έχει εξουσία, ο Θεός θέλει αγάπη, ο Θεός θέλει να έχει δικαιοσύνη, ο Σατανάς θέλει να έχει το δίκιο με το μέρος του. Ο Σατανάς θέλει μαγείες, ο Θεός θέλει δημιουργία. Ο Θεός θέλει να πει στους ανθρώπους ότι δεν πρέπει να εμπιστεύονται τον Σατανά, γιατί ο Σατανάς, όταν δε θα τους χρειάζεται πια, θα τούς πετάξει. Ο Θεός θα είναι πάντα μαζί τους.

Ο Θεός θέλει να πει στους ανθρώπους ότι πρέπει να απεχθάνονται τον Σατανά και να αγαπάνε τον Θεό. Ο Θεός θέλει να έχει ειρήνη, ο Σατανάς θέλει πόλεμο, ο Θεός θέλει δικαιοσύνη, ο Σατανάς θέλει τη δικαιοσύνη στο τσεπάκι του, ο Θεός θέλει αγάπη, ο Σατανάς θέλει φασαρία.

Ο Σατανάς θέλει τη δικαιοσύνη στο τσεπάκι του για να μπορεί να εκβιάζει και να σκοτώνει τούς ανθρώπους με τις μαγείες του, χωρίς να μπορούν να του κάνουν τίποτα. Θέλει φασαρία για να μπορεί να ξεγελά τους ανθρώπους, και θέλει μίσος για να μπορεί να ελέγχει τούς ανθρώπους.

Ο Θεός θέλει να έχει αγάπη για να μπορεί να βοηθάει τούς ανθρώπους, θέλει να έχει δικαιοσύνη για να μπορεί να έχει δύναμη, και θέλει να έχει ειρήνη για να μπορεί να έχει ευτυχία.

Ο Σατανάς θέλει να έχει ειρήνη, σκοτώνοντας όλους όσους δεν τον υπακούν, θέλει να έχει δικαιοσύνη πού είναι με το μέρος του, και θέλει να έχει αγάπη με το ζόρι.

Ο Θεός θέλει να έχει όλα, ο Σατανάς δεν έχει τίποτα. Ο Θεός έχει όλα γιατί είναι όλα, ο Σατανάς δεν έχει τίποτα γιατί τα απαιτεί. Ο Θεός έχει όλα, ο Σατανάς δεν έχει τίποτα. Ο Θεός έχει όλα γιατί τα έχει φτιάξει όλα, ο Σατανάς δεν έχει τίποτα γιατί τα κλέβει όλα.

Ο Σατανάς θέλει να επικρατήσει στη γη, ο Θεός θέλει να τη σώσει. Ο Σατανάς θέλει να έχει το πάνω χέρι, ο Θεός έχει βαρύ χέρι. Ο Θεός έχει βαρύ χέρι γι' αυτούς πού καταπιέζουν, αδικούν ή κάνουν μαγείες. Το χέρι του θα είναι ακόμα πιο βαρύ για τούς μαφιόζους και τούς μάγους. Οι μαφιόζοι και οι μάγοι έχουν προειδοποιηθεί από τον Θεό, αυτοί όμως τον αγνοούν και συνεχίζουν το έργο τους. Ο Θεός θα στείλει στην κόλαση όλους τους μάγους και όλους τους μαφιόζους.

Ο Θεός στέλνει στην κόλαση μόνο τους πολύ κακούς ανθρώπους. Αυτούς που με συνειδητό και επαναλαμβανόμενο τρόπο κάνουν κακό σε άλλους ανθρώπους. Ο Θεός είναι δίκαιος, αν αυτοί οι άνθρωποι θέλουν να σκλαβώσουν όλη τη γη. Και αν, παρά τις προειδοποιήσεις του Θεού δε μετανοούν, τότε η τιμωρία που τους αξίζει είναι η κόλαση.

Ο Θεός θέλει δικαιοσύνη, ποτέ δε θα δώσει μία τιμωρία σε έναν άνθρωπο πού δεν την αξίζει. Θέλει ειρήνη, ποτέ δε θα δώσει μία τιμωρία σε έναν άνθρωπο πού δεν την αξίζει. Θέλει αγάπη, ποτέ δε θα δώσει μία τιμωρία σε έναν άνθρωπο πού δεν την αξίζει.

Ο Χριστός δεν ήταν ο Θεός. Ποτέ ο Χριστός δεν είπε ότι εγώ είμαι ο Θεός. Αυτό πού είπε, είναι ότι «Εγώ και ο Πατέρας μου είμαστε ένα». Αυτό είναι αλήθεια, και αυτή τη φράση μπορεί να την πει και ο Πέτρος και ο δάσκαλος του Πέτρου Άγιος Ιωσήφ Μπακ Φονγκ.

Ο Άγιος Ιωσήφ Μπακ Φονγκ, ποτέ δεν είπε σε κανέναν ότι ο Θεός ήταν ενσαρκωμένος σε αυτόν. Το ίδιο και ο Πέτρος, για τρία χρόνια δεν είχε πει τίποτα σε κανέναν για την ενσάρκωση του Θεού σε αυτόν, και ούτε θα το έλεγε ποτέ, αν ο Θεός δεν είχε αποφασίσει να το αποκαλύψει μέσα από αυτό το βιβλίο.

Ο Θεός είναι ο Πατέρας, όχι μόνο του Χριστού, αλλά ό-λων των ανθρώπων σε όλη τη γη. Είναι ο Πατέρας όλων των ανθρώπων γιατί τους έχει δημιουργήσει. Θέλει όλοι οι άνθρωποι να τον αποκαλούν Πατέρα τους και να τον αισθάνονται έτσι, γιατί έτσι είναι. Αυτό άλλωστε λένε οι άνθρωποι και στο Πάτερ ημών, που δεν είναι απλό σχήμα λόγου, αλλά είναι η αλήθεια.

Η Δεύτερη Παρουσία του Θεού

Ο Θεός αποφάσισε να κάνει τη Δευτέρα Παρουσία του, γιατί είδε ότι η γη κινδυνεύει από τον Σατανά. Αν η γη δεν κινδύνευε από τον Σατανά, δε θα είχε κάνει τη Δευτέρα Παρουσία του. Θέλει να πει στους ανθρώπους ότι ο Πέτρος είναι ένα με τον Θεό και ο Θεός ένα με τον Πέτρο. Ο Χριστός ήταν ένα με τον Θεό και ο Θεός ένα με τον Χριστό. Ο Χριστός ποτέ δεν είπε ότι είναι ο Θεός, αν ο Χριστός ήταν ο Θεός θα το είχε πει.

Οι άνθρωποι έφτιαξαν την ιστορία του Χριστού σύμφωνα με αυτά που ήξεραν, γι' αυτό ο Θεός επέτρεψε για τόσα χρόνια να νομίζουν οι άνθρωποι ότι ο Χριστός είναι ο Θεός. Ο Θεός ξέρει ότι οι άνθρωποι το έκαναν αυτό από αγάπη για τον Χριστό, γι' αυτό και το επέτρεψε. Ο Χριστός γεννήθηκε κοντά στο Ασκελόν, όπως έχει ήδη αναφερθεί. Εκεί μεγάλωσε και εκεί σταυρώθηκε.

Χωρίς τη βοήθεια του Θεού ο Χριστός θα ήταν άγνωστος. Ο Θεός αγαπούσε πολύ τον Χριστό. Ο Χριστός έκανε πάντα το θέλημά του. Ποτέ δε δυσαρέστησε τον Θεό, και ποτέ δεν ήθελε να νομίζουν οι άνθρωποι ότι αυτός είναι ο Θεός.

Αν ο Χριστός ήθελε να νομίζουν οι άνθρωποι ότι αυτός είναι ο Θεός, θα το είχε πει. Ο Χριστός ήταν πάντα υπάκουος στο Θεό. Ποτέ δεν έκανε ή δεν είπε κάτι που δεν ήταν από τον Θεό.

Ο Θεός θέλει να ευχαριστήσει τον Χριστό για τη βοήθεια του. Χωρίς τον Χριστό οι άνθρωποι δε θα ήξεραν για τα θαύματα, ούτε το Πάτερ ημών, ούτε τη Θεία Κοινωνία. Αυτά τα τρία πράγματα τα έδωσε ο Θεός στους ανθρώπους χάρη στον Χριστό. Ο Θεός αγαπάει τον Χριστό, ποτέ δε θα ξεχάσει πόσα πολλά πρόσφερε στους ανθρώπους.

Ο πατέρας του Ιησού δεν πήγε να συμπαρασταθεί στον γιο του όταν τον σταύρωναν, και είπε μια κακιά κουβέντα για τον γιο του. Γι' αυτό ο Θεός δεν τον έκανε άγιο.

Ο Θεός μετά από πολλά χρόνια, αποφάσισε να έχει σαν δεύτερο όνομα του, το όνομα Άγιος Ιωσήφ, για να έχουν μια εικόνα του Θεού οι άνθρωποι στο μυαλό τους για το Θεό. Όταν οι άνθρωποι θα προσεύχονται στον Άγιο Ιωσήφ, στην πραγματικότητα θα προσεύχονται στο Θεό.

Ο πατέρας του Χριστού, Ιωσήφ, ήταν πάντα υπάκουος στο Θεό και ποτέ δεν τον είχε δυσαρεστήσει. Ο Θεός δεν τιμώρησε τον Ιωσήφ, επειδή δεν πήγε να συμπαρασταθεί στο γιό του, αλλά ούτε μπορούσε να τον κάνει άγιο. Η μητέρα του η Παναγία, ήταν πάντα κοντά του, γι' αυτό ο Θεός την έκανε Αγία. Ο Πέτρος και οι υπόλοιποι μαθητές του Χριστού δε συνέχισαν το έργο του, γιατί ο Θεός δεν ενσαρκώθηκε σε κανέναν από αυτούς.

Ο Πιλάτος δεν υπήρξε, το Ισραήλ είχε απελευθερωθεί τότε με τη βοήθεια του Θεού. Ο Θεός δε θα αποφάσιζε ποτέ να κάνει την Πρώτη Παρουσία του σε μία χώρα που ήταν υπό κατοχή. Μία ομάδα ατόμων καταδίκασε τον Χριστό.

Ο Χριστός δεν παρουσιάστηκε σε κανέναν από τούς μα-θητές του μετά τον θάνατό του. Ποτέ δεν είπε ότι θα αναστηθεί σε τρεις ημέρες. Αυτό που είπε, είναι ότι μετά τον θάνατό του ο Θεός θα τον βάλει στα δεξιά του, όπως και έγινε.

Ο Θεός έκανε τον Χριστό Άγιο και του έδωσε τη δυνατότητα να μπορεί να βοηθάει όποιον άνθρωπο προσεύχεται σε αυτόν. Ο Χριστός ποτέ δεν είπε να γκρεμίσουν τα τείχη της Ιερουσαλήμ για να τα ξαναφτιάξει σε τρεις ημέρες. Ποτέ δεν είπε ότι ο Πέτρος θα είναι μαζί του μετά τον θάνατό του, γιατί αυτό το αποφασίζει μόνο ο Θεός. Ο Θεός αποφάσισε να στείλει τον Πέτρο στο καθαρτήριο, επειδή έβρισε τον καμηλιέρη αν και ήξερε ότι πρέπει να είναι πολύ προσεκτικός.

Ο Θεός αποφάσισε να σκοτώσει όλους όσους ήταν υπεύθυνοι για τον θάνατο του Ιησού και για τη σταύρωση του. Αποφάσισε επίσης να στείλει στην κόλαση τους μάγους που του έκαναν κακό, αλλά και έναν από την ομάδα πού καταδίκασαν τον Χριστό γιατί συνεργάστηκε με τούς μάγους. Αποφάσισε να τιμωρήσει τούς στρατιώτες πού τον σταύρωσαν, γιατί ήταν ιδιαίτερα σκληροί μαζί του. Αποφάσισε να τιμωρήσει τους ανθρώπους που τον έφτυναν και τον έβριζαν χωρίς να τους έχει κάνει τίποτα.

Αποφάσισε επίσης, να τιμωρήσει τους ανθρώπους που μετά τον θάνατο του Χριστού φέρθηκαν άσχημα στην Παναγία, αποφάσισε να τιμωρήσει τους ανθρώπους που ήθελαν τον θάνατο του Χριστού, αποφάσισε να τιμωρήσει τούς ανθρώπους που είπαν ψέματα για να καταδικαστεί ο

Χριστός. Ο Θεός δεν άφησε κανέναν ατιμώρητο, η τιμωρία του ήταν δίκαιη ανάλογα με το κακό που έκανε ο καθένας.

Ο Θεός θέλει να πει στους ανθρώπους ότι δεν πρέπει να επαναλάβουν το ίδιο λάθος. Ο Χριστός σταυρώθηκε άδικα γιατί δεν υπήρχε δικαιοσύνη, αγάπη και ισορροπία. Ο Θεός θέλει να πει στους ανθρώπους ότι εάν επαναλάβουν το ίδιο λάθος, τότε θα καταστρέψει όλη τη γη. Ο Θεός θέλει να φέρει τον παράδεισο στη γη. Ο Πέτρος, βοηθάει τον Θεό να φέρει τον παράδεισο στη γη.

Ο Πέτρος θα ήταν ήδη νεκρός αν δεν είχε την προστασία του Θεού. Ο Θεός, όχι μόνο προστατεύει τον Πέτρο, αλλά και τιμωρεί αυτούς που προσπαθούν να του κάνουν κακό. Ο Θεός τιμωρεί αυτούς που προσπαθούν να του κάνουν κακό ανάλογα με το μέγεθος του κακού που προσπάθησαν να του κάνουν. Ο Θεός ξέρει όλους αυτούς που προσπαθούν να του κάνουν κακό, και τούς τιμωρεί. Αν δεν ήταν ο Πέτρος, ο Θεός θα έπρεπε να καταστρέψει όλο τον κόσμο.

Ο Πέτρος κάνει πάντα το θέλημα του Θεού, ποτέ δεν τον έχει δυσαρεστήσει, και ποτέ δεν έχει παραβεί τις υποσχέσεις που έχει δώσει στο Θεό. Ο Θεός τον αγαπάει και θέλει να του κάνει ένα δώρο. Το δώρο του Θεού στον Πέτρο είναι να μπορεί ο Πέτρος να έχει την ευλογία του Θεού. Η ευλογία του είναι ένα δώρο που δίνει στους πολύ καλούς ανθρώπους όταν πεθαίνουν. Ο Πέτρος δεν έχει πεθάνει, αλλά διακινδυνεύει τη ζωή του καθημερινά επειδή έγραψε αυτό το βιβλίο με την υπαγόρευση του Θεού.

Ο Θεός τον αγαπάει και θέλει να κάνει ακόμα ένα δώρο στον Πέτρο. Ο Πέτρος θα μπορεί να έχει την ευλογία των ανθρώπων. Όταν ένας άνθρωπος έχει την ευλογία των ανθρώπων, τότε είναι αθάνατος. Ο Θεός, δίνει αυτό το δώρο μόνο σε όσους ανθρώπους έχουν προσφέρει πολλά στην ανθρωπότητα. Αθάνατος δε σημαίνει ότι δε θα πεθάνει ποτέ, αλλά ότι το όνομά του θα είναι αθάνατο στους αιώνες.

Ο Θεός θέλει να κάνει ακόμα ένα δώρο στον Πέτρο. Το δώρο του στον Πέτρο είναι να μπορεί ο Πέτρος να έχει την ευλογία της εκκλησίας. Η εκκλησία είναι του Θεού, ο Θεός αποφασίζει ποιοι άνθρωποι μπορούν να έχουν την ευλογία του. Κάθε φορά που η εκκλησία θα κάνει μία λειτουργία θα ευλογείται και ο Πέτρος.

Ο Θεός θέλει να ευχαριστήσει επίσης, τον δάσκαλο του Πέτρου, Άγιο Ιωσήφ Μπακ Φονγκ. Ο δάσκαλος του Πέτρου έδωσε τη ζωή του για να μην επικρατήσει ο Σατανάς στη γη, ο Θεός τον αγαπάει, και θέλει να του κάνει ένα δώρο. Το δώρο του Θεού στον Άγιο Ιωσήφ Μπακ Φονγκ, είναι να μπορεί να έχει την ευλογία του Θεού, των ανθρώπων και της εκκλησίας. Ο Θεός είναι δίκαιος, αν δεν υπήρχε ο Άγιος Ιωσήφ Μπακ Φονγκ, δε θα υπήρχε και ο Πέτρος. Ο Πέτρος υπάρχει γιατί υπάρχει ο Θεός, αν ο Θεός δεν προστάτευε τον Πέτρο, ο Πέτρος δε θα υπήρχε.

Ο Θεός προστατεύει τον Πέτρο με πολλούς τρόπους. Ένας τρόπος είναι βγάζοντας τις μαγείες που του κάνει ο Σατανάς, άλλος τρόπος είναι τιμωρώντας τους ανθρώπους που προσπαθούν να του κάνουν κακό, άλλος τρόπος είναι έχοντας βάλει όλες τις δυνάμεις που φυλάνε και τον ίδιο τον Θεό να τον προστατεύουν. Άλλος τρόπος είναι έχοντας τον Πέτρο μέσα στο τραπέζι του Θεού, άλλος τρόπος είναι συμβουλεύοντας τον Πέτρο τι να κάνει σε κάθε περίπτωση, και άλλος τρόπος είναι αυτό το βιβλίο.

Όλοι αυτοί οι τρόποι, είναι από τον Θεό. Ο Πέτρος, δε θέλει να κάνει κακό σε κανένα άνθρωπο, ο Θεός όμως θέλει. Θέλει να τιμωρήσει τούς ανθρώπους που προσπαθούν να κάνουν κακό στον Πέτρο.

Ο Θεός θα τιμωρήσει όλους τούς μαφιόζους και όλους τούς μάγους που προσπαθούν να κάνουν κακό στο Πέτρο. Οι μαφιόζοι και οι μάγοι έχουν προειδοποιηθεί από τον Θεό, αυτοί όμως τον αγνοούν και συνεχίζουν το έργο τους. Ο Θεός, θέλει να τους προειδοποιήσει ακόμα μία φορά, και να τούς πει ότι εάν δε μετανοήσουν θα πεθάνουν και θα πάνε στην κόλαση. Θέλει, επίσης, να προειδοποιήσει όλους όσους τους βοηθούν, για να παίρνουν λεφτά από αυτούς.

Θέλει επίσης να προειδοποιήσει την εκκλησία να μην κάνει ξανά τα ίδια λάθη. Να μη «σταυρώσει ξανά τον Χριστό», στο όνομα του Χριστού. Η εκκλησία, μπορεί να ζητήσει ό,τι αποδείξεις θέλει ότι αυτό το βιβλίο είναι από τον Θεό. Αν η εκκλησία αγνοήσει αυτό το βιβλίο ή το κατηγορήσει, χωρίς πρώτα να ζητήσει αποδείξεις από τον Θεό, τότε θα τιμωρήσει όλους όσους είναι υπεύθυνοι. Ο Θεός θέλει την εκκλησία σύμμαχο του και όχι απέναντι του.

Ο Θεός θέλει επίσης να πει στους ανθρώπους ότι ο Πέτρος είναι ένα με τον Θεό, όπως ήταν και ο Χριστός. Ο Χριστός κατηγορήθηκε άδικα και σταυρώθηκε, γι' αυτό ο Θεός προστατεύει τόσο καλά τον Πέτρο. Ο Θεός έχει τον Πέτρο στο τραπέζι του, αυτό σημαίνει ότι ο Πέτρος και ο Θεός τρώνε μαζί. Ο Πέτρος τρώει, και τρώει και ο Θεός μαζί του. Ο Θεός αγαπάει τόσο πολύ τον Πέτρο και για έναν άλλο λόγο, όταν ο Πέτρος πονάει, πονάει και ο Θεός. Άλλος λόγος που ο Θεός αγαπάει τόσο πολύ τον Πέτρο, είναι γιατί ο Πέτρος έχει το ίδιο σώμα με τον Θεό. Το σώμα του Θεού είναι άυλο, και όταν ενσαρκώνεται σε ένα άτομο, τότε το σώμα αυτού του ανθρώπου γίνεται και σώμα του Θεού.

Οι Άγιοι που είναι ενωμένοι μαζί με τον Θεό, βοηθούν τον Θεό στο έργο του. Ένας τρόπος είναι βοηθώντας τους ανθρώπους να προσεύχονται στους Αγίους, για να μπορεί ο Θεός να τους βοηθάει. Ένας άλλος τρόπος είναι επικοινωνώντας με κάποιους ανθρώπους για να τους βοηθούν και ένας άλλος τρόπος είναι κάνοντας πάντα το θέλημα του.

Ο Θεός θέλει να ευχαριστήσει όλους τους Αγίους για τη βοήθειά τους. Ο Πέτρος μπορεί να έχει επικοινωνία με τον Χριστό, την Παναγία, τον πάπα Ιωάννη Παύλο τον ΙΙ, και φυσικά με τον δάσκαλό του Άγιο Ιωσήφ Μπακ Φονγκ.

Πώς δουλεύει ο Σατανάς

Ο Θεός θέλει όλοι οι άνθρωποι να έχουν δικαιοσύνη και ισορροπία, και όταν ένας άνθρωπος έχει ισορροπία, τότε έχει και δικαιοσύνη και αγάπη. Η αγάπη είναι απαραίτητη για να μπορεί ο Θεός να βοηθάει έναν άνθρωπο. Ο Σατανάς κάνει μαγείες για να παίρνει την αγάπη από τούς ανθρώπους γιατί τότε ξέρει ότι μπορεί να τούς κάνει πιο εύκολα κακό. Οι τρόποι πού ο Σατανάς παίρνει την αγάπη από τούς ανθρώπους είναι πολλοί.

Ένας τρόπος είναι φοβίζοντας τους, άλλος τρόπος είναι να τους νευριάζει, και άλλος τρόπος είναι κάνοντάς τους να έχουν μίσος για τούς άλλους ανθρώπους. Άλλος τρόπος είναι κάνοντάς τους να μην αγαπάνε τον σύντροφό τους, άλλος τρόπος είναι κάνοντας τα παιδιά τους να μην τους αγαπάνε, και άλλος τρόπος είναι να κάνουν μαγείες στους φίλους και γνωστούς τους για να μην τούς αγαπάνε.

Όλοι αυτοί οι τρόποι είναι από τον Σατανά. Ο Σατανάς είναι πονηρός, κάνει τις δουλειές του κρυφά και χωρίς να τον καταλαβαίνουν οι άνθρωποι, ο Θεός όμως ξέρει τι κάνουν και θα τους τιμωρήσει. Η τιμωρία του θα είναι η κόλαση. Ο Θεός θέλει δικαιοσύνη. Αν αυτοί οι άνθρωποι καταστρέφουν τη ζωή χιλιάδων ανθρώπων, τότε η τιμωρία που τούς αξίζει είναι η κόλαση.

Ο Σατανάς δε θα νικήσει τον Θεό, όλοι οι μάγοι και οι μάγισσες θα πάνε στην κόλαση, το ίδιο και τα μέλη αυτής της εγκληματικής οργάνωσης. Τα μέλη αυτής της οργάνωσης δίνουν όρκο στο Σατανά, ο Σατανάς τους βοηθάει και αυτοί βοηθούν τον Σατανά. Οι μάγοι και οι μάγισσες έχουν τη βοήθεια άλλων μάγων, που έχουν πεθάνει. Οι μάγοι που έχουν πεθάνει δεν είναι τίποτα άλλο από τα δαιμόνια.

Ο Θεός θα διώξει τα δαιμόνια από όλη τη γη. Τα δαιμόνια αυτά βοηθούν πάρα πολύ τον Σατανά. Ένας τρόπος που τα δαιμόνια βοηθούν τον Σατανά, είναι μπαίνοντας μέσα στα σώματα των ανθρώπων για να τούς οδηγήσουν στην τρέλα ή στο θάνατο, άλλος τρόπος είναι πηγαίνοντας μέσα στα σπίτια των ανθρώπων για να τούς φοβίσουν. Άλλος τρόπος είναι παρακολουθώντας τούς ανθρώπους τι κάνουν μέσα στα σπίτια τους για να μπορεί ο Σατανάς να τούς κάνει πιο εύκολα μαγείες, και άλλος τρόπος είναι βάζοντας μαγείες μέσα στα σπίτια των ανθρώπων.

Άλλος τρόπος είναι μουγκρίζοντας ή κάνοντας δυνατούς κρότους ή διάφορους θορύβους έξω αλλά μερικές φορές και μέσα στα σπίτια των ανθρώπων για να τους φοβίσει.

Ο Θεός μέχρι τώρα το επέτρεπε αυτό για τρεις λόγους. Πρώτον, γιατί δεν ήταν μεγάλη απειλή, δεύτερον, για να δουν οι άνθρωποι τη διαφορά μεταξύ του καλού και του κακού, και τρίτον, γιατί δεν είχε αποφασίσει να κάνει τη Δευτέρα Παρουσία του.

Ο Θεός θέλει δικαιοσύνη, αγάπη και ισορροπία. Όταν έ-νας άνθρωπος έχει αυτά, θα τον βοηθάει σε οποιοδήποτε πρόβλημα ή εργασία. Ο Θεός θέλει όλοι οι άνθρωποι να είναι ευτυχισμένοι και ελεύθεροι, ο Σατανάς θέλει όλοι οι άνθρωποι να είναι του χεριού του. Ο Θεός θέλει όλοι οι άνθρωποι να τα έχουν όλα, ο Σατανάς θέλει όλοι οι άνθρωποι να μην έχουν τίποτα. Ο Θεός θέλει όλοι οι άνθρωποι να έχουν την ευλογία του, όταν όλοι οι άνθρωποι θα έχουν την ευλογία του, τότε θα μπορούν να έχουν τον παράδεισο.

Ένα άτομο, θα ξέρει ότι έχει την ευλογία του όταν ο Θεός θα είναι μαζί του. Ένα άτομο, θα ξέρει ότι ο Θεός είναι μαζί του όταν τον νιώθει μέσα του. Ο Θεός θέλει όλοι οι άνθρωποι να νιώθουν τον Θεό μέσα τους. Θέλει όλοι οι άνθρωποι να τον νιώθουν μέσα τους γιατί ο Θεός είναι μέσα σε κάθε άνθρωπο. Η ουσία του Θεού είναι μέσα σε κάθε άτομο ακόμα και αν αυτό το άτομο είναι κακό.

Ο Θεός, θέλει όλοι οι άνθρωποι να είναι σε επικοινωνία με την ουσία του που είναι μέσα τους. Οι άνθρωποι, μπορούν να το πετύχουν αυτό αν έχουν δικαιοσύνη, αγάπη και ισορροπία. Ο Θεός έχει μόνο ένα σώμα, το οποίο είναι άυλο, η ουσία του όμως είναι μέσα σε κάθε άνθρωπο.

Ο παράδεισος είναι η ευλογία του Θεού, θέλει όλοι οι άνθρωποι να ζήσουν τον παράδεισο στη γη. Ο παράδεισος στη γη είναι εδώ, οι άνθρωποι μπορούν να ζήσουν τον παράδεισο, αν έχουν δικαιοσύνη, αγάπη και ισορροπία. Η ισορροπία είναι κάτι που ο Σατανάς μισεί. Ο Σατανάς, θέλει όλοι οι άνθρωποι να μην έχουν ισορροπία, να μην έχουν δηλαδή δικαιοσύνη και αγάπη.

Οι τρόποι με τούς οποίους ο Σατανάς προσπαθεί να κάνει τους ανθρώπους να μην έχουν ισορροπία είναι πολλοί. Ένας τρόπος, είναι οι μαγείες, άλλος τρόπος, είναι κάνοντας τούς ανθρώπους να νομίζουν ότι δεν υπάρχει ο Θεός, άλλος τρόπος, είναι κάνοντας τούς ανθρώπους να νομίζουν ότι δεν υπάρχει η κόλαση.

Άλλος τρόπος που ο Σατανάς κάνει τούς ανθρώπους να μην έχουν ισορροπία, είναι κάνοντάς τους μαγείες για να μην μπορούν να κοιμηθούν καλά. Ο Σατανάς κάνει μαγείες στους ανθρώπους για να μην κοιμούνται, να είναι κουρασμένοι, για να μπορεί μετά να τούς κάνει πιο εύκολα μαγείες.

Άλλος ένας τρόπος πού κάνει ο Σατανάς τούς ανθρώπους να μην έχουν ισορροπία, είναι στέλνοντάς τους κακά όνειρα. Άλλος τρόπος, είναι να τους κάνει να νομίζουν ότι θα πεθάνουν, άλλος τρόπος είναι να τους κάνει να νομίζουν ότι είναι άρρωστοι, άλλος τρόπος, είναι να τους κάνει να νομίζουν ότι έχουν κάνει κάτι κακό, ενώ δεν έχουν κάνει τίποτα.

Ο Σατανάς θέλει οι άνθρωποι να είναι φοβισμένοι, για να μπορεί να τούς κάνει ό,τι θέλει. Ο Θεός θέλει να πει στους ανθρώπους ότι δεν πρέπει να φοβούνται τον Σατανά, πρέπει να προσεύχονται στο Θεό, και να ζητούν τη βοήθειά του.

Η εκκλησία δεν πιστεύει ακόμα αυτό το βιβλίο, αλλά όταν δει τα θαύματα από τον Θεό θα πιστέψει ότι αυτό το βιβλίο είναι από τον Θεό. Ο Θεός αγαπάει την εκκλησία. Αν δεν ήταν η εκκλησία δε θα είχε ένα χώρο για να τον λατρεύουν οι άνθρωποι, να ζητούν τη βοήθεια του και εκείνος να τούς τη δίνει με χαρά. Ο Θεός, θέλει να βοηθήσει την εκκλησία να γίνει πιο δυνατή, θέλει όλους τούς ανθρώπους σε όλη τη γη να πιστέψουν στην εκκλησία, στη δύναμη του Θεού και στην αγάπη του για τους ανθρώπους.

Ο Θεός δε θα βοηθάει κανένα άνθρωπο που δε θα έχει βαπτιστεί στην εκκλησία ως Χριστιανός. Θέλει να πιστέψουν όλοι οι άνθρωποι σε όλο τον κόσμο αυτό το βιβλίο, να βαπτιστούν και να προσεύχονται στο Θεό για να μπορεί να τούς βοηθάει. Αν οι άνθρωποι δεν πιστέψουν στην εκκλησία, ο Θεός δεν μπορεί να φέρει τον παράδεισο στη γη.

Ο Θεός θέλει να έρθει ο παράδεισος στη γη, γιατί θέλει όλοι οι άνθρωποι να είναι χαρούμενοι. Θέλει να επικρατήσει η δικαιοσύνη, η αγάπη και η ισορροπία. Θέλει να υπάρχει ειρήνη σε όλη τη γη. Θέλει να υπάρχει τέλειο κλίμα, θέλει οι άνθρωποι να μην αναγκάζονται να δουλεύουν σαν σκλάβοι, θέλει όλοι οι άνθρωποι να έχουν φαγητό, νερό, στέγη ακόμα και όταν δε δουλεύουν.

Ο Θεός θέλει να νικήσει τον Σατανά, χρειάζεται όμως και τη βοήθεια των ανθρώπων γι' αυτό, αλλά και της εκκλησίας. Θέλει να νικήσει τον Σατανά για να μπορέσει να φέρει τον παράδεισο στη γη. Ο παράδεισος στη γη μπορεί να έρθει μόνο εάν νικηθεί ο Σατανάς. Ο Σατανάς, μπορεί να νικηθεί αν οι άνθρωποι πιστέψουν στον Θεό.

Αυτό το βιβλίο, το έχει γράψει ο Θεός για να νικήσει τον Σατανά και να μπορέσει να φέρει τον παράδεισο επί της γης. Ο Θεός, θέλει να φέρει τον παράδεισο επί της γης, πρέπει όμως να θέλουν και οι άνθρωποι να έρθει ο παράδεισος επί της γης.

Οι άνθρωποι, μπορούν να ζητούν αυτό στην προσευχή τους, λέγοντας το Πάτερ ημών. Στο Πάτερ ημών λέμε, «έλθέτω η βασιλεία Σου, γεννηθήτω το θέλημα Σου ως εν ουρανώ και επί της γης». Όταν η βασιλεία του Θεού θα έχει έρθει στη γη, θα έχει έρθει και ο παράδεισος στη γη, πού είναι το θέλημα του Θεού.

Ο παράδεισος μπορεί να υπάρξει στη γη μόνο αν υπάρχει δικαιοσύνη, αγάπη και ισορροπία. Εάν υπάρχει δικαιοσύνη, αγάπη και ισορροπία θα υπάρχει ασφάλεια μεταξύ των ανθρώπων, αλλά και μεταξύ των κρατών. Οι πόλεμοι και τα διάφορα εγκλήματα θα σταματήσουν, το ίδιο και οι μαγείες. Ο Θεός, θα σταματήσει να κάνει φυσικές καταστροφές γιατί δε θα χρειάζεται πια και θα δώσει στους ανθρώπους γνώσεις για να ξεπεράσουν τα διάφορα προβλήματα.

Θα τους δίνει δωρεάν φαγητό με τα τρία δοχεία, όπως έχει περιγράψει ο Θεός. Θα φτιάξει επίσης το κέλυφος με το οποίο οι άνθρωποι θα μπορούν να πετούν και να πηγαίνουν σε όποιο σημείο της γης θέλουν χωρίς κανένα κόστος και με απόλυτη ασφάλεια. Θα φτιάχνει ένα σπίτι για όποιον άνθρωπο το χρειάζεται, θα κάνει όλη τη γη εύφορη χωρίς να υπάρχει καμία έρημος.

Όλα αυτά, θα μπορέσει να τα πραγματοποιήσει αν οι άνθρωποι πιστέψουν αυτό το βιβλίο. Διαφορετικά ο Σατανάς με τη βοήθεια του οργανωμένου εγκλήματος θα επικρατήσει στη γη όπως έχει ήδη αναφερθεί.

Εάν αυτό συμβεί, δε θα έχει άλλη επιλογή από το να καταστρέψει όλη τη γη και να αρχίσει ένας καινούργιος κύκλος ζωής πάνω στη γη. Ο Θεός δε θα έχει άλλη επιλογή γιατί δε θα μπορεί να αφήσει τους ανθρώπους στα χέρια του Σατανά.

Ο παράδεισος στη γη μπορεί να έρθει πολύ γρήγορα αν οι άνθρωποι πιστέψουν στο Θεό, στη δύναμη του και στην αγάπη του για τους ανθρώπους. Ο Θεός αποφάσισε να φέρει τον παράδεισο στη γη, γι' αυτό και θέλησε να δώσει αυτό το βιβλίο στους ανθρώπους μέσω του Πέτρου.

Ο Θεός τελειώνοντας αυτό το βιβλίο, θέλει να γράψει κάποια πράγματα ακόμα για τον Χριστό. Ο Χριστός, όταν πέθανε, ήταν μόλις 26 ετών. Αν δεν είχε πεθάνει, θα είχε παντρευτεί και θα είχε κάνει οικογένεια. Άλλο ένα πράγμα που θα είχε κάνει ο Χριστός, αν δεν είχε πεθάνει τόσο νωρίς, θα ήταν να γράψει βιβλία που θα του υπαγόρευε ο Θεός. Ο Θεός, ήθελε να γράψει πολλά βιβλία με τον Χριστό, για να πιστέψουν οι άνθρωποι και να μετανοήσουν.

Ένας λόγος που ο Θεός περίμενε τόσο πολύ για να κάνει τη Δευτέρα Παρουσία του, είναι για να δουν οι άνθρωποι ότι τα θαύματα μπορεί να τα κάνει μόνο ο Θεός, και ποτέ ο Σατανάς. Ο Σατανάς μπορεί να κάνει μαγείες, αλλά ποτέ δεν μπορεί να κάνει θαύματα. Ο Θεός θα κάνει πολλά θαύματα για να πιστέψουν οι άνθρωποι αυτό το βιβλίο.

***

Όσο πιο πολλοί άνθρωποι διαβάσουν αυτό το βιβλίο, τόσο πιο γρήγορα θα μπορέσει ο Θεός να φέρει τον παράδεισο στη γη.

Αν σας άρεσε αυτό το βιβλίο και αν πιστεύεται ότι είναι από τον Θεό, βοηθήστε και άλλους ανθρώπους να μάθουν γι' αυτό το βιβλίο.

ΣΥΓΓΡΑΦΈΑΣ

Ο Πέτρος Κουμασόνας γεννήθηκε και μεγάλωσε στην Αθήνα. Σπούδασε ψυχολογία και ψυχοθεραπεία και εξάσκησε το επάγγελμα αυτό για αρκετά χρόνια. Είναι παντρεμένος και έχει ένα παιδί.

Ο δάσκαλός του, Ιωσήφ Μπακ Φονγκ, ήταν άρρωστος από την καρδιά του και γι' αυτό ο Θεός αποφάσισε να ενσαρκωθεί στον Πέτρο. Ο δάσκαλός του πέθανε το 2005 και ο Θεός ενσαρκώθηκε σε αυτόν δύο χρόνια μετά. Ο Θεός του υπαγόρευσε αυτό το βιβλίο από τον Ιούλιο του 2010, έως και τον Ιανουάριο του 2012.

Ο Θεός πέρασε τον Πέτρο από πολλές δοκιμασίες πριν αποφασίσει να ενσαρκωθεί σε αυτόν. Ο Πέτρος κάνει πάντα το θέλημα του Θεού και γράφει μόνο ό,τι του υπαγορεύει ο Θεός.

Ιστοσελίδα: https://www.secondcomingofgod.com

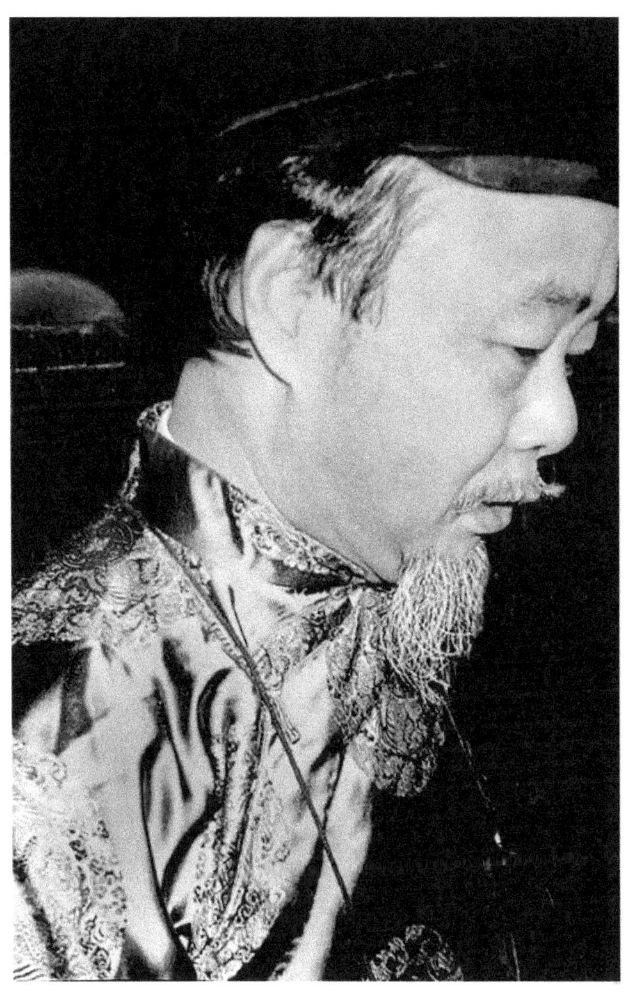

Ο δάσκαλος του Πέτρου Άγιος Ιωσήφ Μπακ Φονγκ
Γεννήθηκε στο Βιετνάμ (1946-2005)